子どもを変える

できる教師のステキな言葉

山中伸之［編著］
YAMANAKA Nobuyuki
内田 聡［著］
UCHIDA Sou

学陽書房

◆……はじめに

ずっと前に担任した子に、友だちとの仲がうまくいかなくなった女子がいました。

ある日の放課後、子どもたちが三々五々帰って行き、最後にその子と私だけが教室に残りました。

明るくていつもよく話しかけてくるその子が、いつもの明るい口調で
「先生……わたしさ、今、学校で遊ぶ人、誰もいないんだよね……」

と話し始めました。

私は、実はそのことに薄々気付いていました。でも、若くて経験も知識もなかった私は何もできずに、ただ静観しているだけでした。

そのときも、今までと変わりなく明るく話すその子に、なるべく深刻にならないように話そうと、それしか考えませんでした。

私はとっさに、明るく軽く、こう言いました。

「遊ぶ人、いるじゃないか」

「え？　誰？」

「おれ！」

私の答えを聞くと、その子は「チッ」と舌打ちをしてランドセルを背負い、苦笑いを浮かべながら、

何も言わずに帰っていきました。

翌日もその翌日も、その子は健気にも元気に登校し、相変わらず私に明るく話しかけ、私もまた努めて明るく応対していました。

女子同士のちょっとした思い違いから始まった交友の危機は、それから長い時間はかかりましたが、少しずつ修復されていきました。

それから十数年後のこと……。

その子の結婚式に出席しました。

テーブルにつくと、私の席に一通の手紙が置いてあります。その子からの手紙でした。

「小学校の時、友だちと、仲がうまくいかなかった時に、先生が、友だちだよって言ってくれたこと、今でもうれしくて。

今まで、つらいことがあって悲しい時は、それを思い出しては、頑張れた。本当にありがとう……」

私がとっさにしゃべった何気ない一言を、自分の支えにしてきたとその子は言います。

教師という仕事は何と重く、また何と素晴らしいのでしょうか。

十数年前に私が偶然蒔いた一粒の種は、その子の心で大きく育ち、今、私を励まし、私を勇気づけてくれます。

言葉というものは本当に不思議なものです。

ある時はその無力さに落胆し、ある時はその影響力の大きさに恐ろしくさえなります。

教師の仕事の多くは、この言葉を通して行われます。

言葉の特質や力を十分に知り、いつでも存分に使うことができたら、教師は真にすばらしい教育を子どもたちにすることができるでしょう。

本書には私たちが実際に子どもたちに投げかけ、それによって子どもたちが変わっていった言葉を集めました。言葉だけを見れば、何の変哲もない普通の言葉もあり、奇をてらったようなおかしな言葉もあります。しかし、その言葉の全てが大きな力を発揮する可能性を持っています。

先生方のお力で、ぜひ、これらの言葉の力を存分に引き出してください。

本書の言葉が子どもたちと先生方を支える言葉になれば幸いです。

平成二十一年　三月

山中伸之

Ⅲ

子どもの存在に感謝する

Ⅳ

少し背中を押してやる

V

ルールを教える

VI

成長に注目する

VII

気づきを与える

序章　「ステキな言葉」を10倍生かす10のポイント

「言葉」は「言葉」以外のものに支えられて、初めて十分に力を発揮します。「言葉」そのものにももちろん力はありますが、「言葉」だけで用いてもその力は十分には発揮されません。例えば、「天才とは努力を続ける才能のことだ」という言葉を、毎日遊んでいる若者が言ってもしらけるだけですが、天才打者イチローが言えば大きな影響力を持ちます。

これから紹介するステキな言葉も同様です。どんな教師がその言葉を発するかによって言葉の力は変わるでしょう。どんな子どもにその言葉をかけるかによっても、その影響力に違いが出るでしょう。どんな状況で使うか、どんな学級で使われるかによっても同様です。

この言葉をかければ必ず子どもがこのように変化するというような、自然科学の実験のようにはいきません。いかない方がむしろ自然です。

しかし、必然ではないからこそ可能性もまた広がります。使い方によっては紹介する以上の効果を発揮することもあるでしょうし、工夫して応用することもできます。

そこで、ステキな言葉の具体例を挙げる前に、どういう姿勢でこれらの言葉を使えばよいか、そのポイントを述べてみたいと思います。

【「ステキな言葉」10のポイント】

1 使えないと思う前に使ってみる

2 とにかく何度も使ってみる

3 役者になった気持ちで使ってみる

4 まったく設定が異なる場面で使ってみる

5 言葉が通用するかどうかを人間関係のバロメーターにする

6 言葉が通用する状況を学級経営の一つの目標とする

7 言葉をかけ続ける

8 使えないと思う言葉を使ってみる

9 その言葉が使える教師を目指してみる

10 自由自在に使いこなせれば「できる教師」の仲間入りができる

【ポイント1】使えないと思う前に使ってみる――すると意外に子どもが変わる

「この言葉は自分のキャラクターに合っていない」「自分にはちょっと恥ずかしくて言えない」などと考えて、最初からあきらめてしまっては何も始まりません。食わず嫌いと同じです。食べてみると意外においしい食べ物はたくさんあります。同じように、使ってみると意外に効果的だったという言葉も必ずあります。使えないと思ってあきらめる前に、とにかく一度使ってみてください。

【ポイント2】とにかく何度も使ってみる――すると舌の上で転がるようになる

普段使わない言葉や言い回しは声にするだけでもちょっとした覚悟が必要です。何となく口の動きもぎこちなくなりがちです。でも、不思議なことに、何度も何度もその言葉を言っていると、いつの間にかスムーズに口をついて出てくるようになります。最初は独り言で構いません。鏡を見て自分自身に声をかけてもいいです。何度も言っているうちに舌になじんできます。

【ポイント3】言葉は脚本。役者になった気持ちで使ってみる

教師は役者でもなければならないと言われます。その場に応じた最高の言葉、最高の表情、最高の動作ができれば、教育効果は抜群です。ちょっと言いにくいと思う言葉も、舞台で演技をする役者になったつもりで言ってみてください。劇のセリフだと思って、思い切り感情を込めて表情豊かに子どもたちに語ってください。気持ちを込めた分だけ子どもたちに伝わります。

【ポイント4】まったく設定が異なる場面で使ってみる――化学変化を起こす可能性がある

化学変化とは物の喩えで、何か別のものが生まれるという意味です。例えば「学校に来てくれてありがとう」という言葉があります。朝の会や帰りの会で子どもたちにかける言葉として紹介していますが、別の機会に使ってももちろん構いません。例えば社会見学のバスの中での先生のお話で使ってみます。子どもたちからつっこまれると思います。その時に「みんなにとっては、バスの中も学校と同じです」と切り返せばおもしろそうです。むしろそういう使い方を工夫してみてください。

【ポイント5】言葉が通用するかどうかを人間関係のバロメーターにする

教師からステキな言葉をかけられた子どもたちが少しでも変わるためには、子どもたちと教師との人間関係が良好か、少なくとも悪くないことが必要です。子どもたちに少しの変化もない、あるいは子どもたちが少しもよい反応をしないとしたら、子どもたちとの人間関係を作り直す必要があるかもしれません。ステキな言葉は、子どもたちとの良好な人間関係ができているかどうかを診断するバロメーターとしても使うことができます。

【ポイント6】言葉が通用する状況を学級経営の一つの目標とする

ステキな言葉が子どもたちの心に染み入るように入っていくならば、子どもたちと教師との人間関係は非常に良好だということができます。そういう学級を作ることは、学級担任や教師共通の目標の一つと言ってもいいでしょう。ということは、ステキな言葉が通用する状況を作ることが、学級経営上の目標の一つになるということでもあります。そういう視点でステキな言葉を使ってみてください。

【ポイント7】言葉をかけ続ける――すると子どもたちが変わってくる

では、どうすればステキな言葉が子どもたちの心に染み入るように入っていく学級ができるのでしょうか。それが一朝一夕にいかないことは誰もが認めることだと思います。しかし、ステキな言葉を繰り返し繰り返し、何度も何度も子どもたちにかけ続けることが、そういう学級を作るための方法の一つであることに間違いはありません。

ステキな言葉をシャワーのように子どもたちに降り注いでください。何度でも何回でも、諦めずにステキな言葉を子どもたちにかけ続ける先生の姿を見せてあげてください。その先生の姿が子どもたちをきっと変えていくと思います。

【ポイント8】使えないと思う言葉を使ってみる――すると教師自身の新たな面が現れる

【ポイント1】でも述べましたが、「この言葉は言いにくいな」と思ってあきらめる前に、一度使ってみてください。「この言葉は言いにくいな」と思うということは、それまでその言葉を言うような自分ではなかったということです。逆に考えれば、その言葉を使うということは新しい自分の一面を出すことになります。それは教師としての幅を広げることにつながります。

【ポイント9】その言葉が使える教師を目指してみる――すると教師として成長する

思い切って言葉をかけてみた結果、新たな自分に気付くという場合もありますが、始めからステキな言葉が使える教師を目指して修業のつもりで取り組んでもいいと思います。結果として成長するのではなく、成長することを目指して取り組むということです。このような目標をもってステキな言葉を使うならば、言葉をかける場面の一つひとつが教師としての成長の場となります。

【ポイント10】自由自在に使いこなせれば感化力が身に付き、「できる教師」の仲間入りができる

ここに紹介するステキな言葉を、時と場と相手に応じて自由自在に使いこなせるようになったら、それは正しく「できる教師」になったことになります。教師としての優れた人格に支えられて、言葉そのものが大きな力を持つようになります。それは「感化力」が身に付いたことです。

ぜひ、「できる教師」の仲間入りを目指して、ステキな言葉を存分に活用してください。

I

緊張を緩和する

真正面からの指導ばかりでは、どうしてもお互い構えてしまう。肩の力を抜き、気持ちを軽くさせるのは、絶妙にはずした言葉。

君の挨拶うますぎる

ほめられ慣れた子どもには、時に過ぎた表現を使うなど、いつもと違ったほめ方で喜ばせてみる。

子どもたちに「返事・挨拶・履物そろえをきちんとしよう」などと呼びかけ、常に指導を心掛ける学級担任の先生は多いと思います。子どもたちも先生の指導にこたえて、素晴らしい返事や挨拶をする子に育っていくことと思います。それにつれて、他の先生方や来校者の皆様に、素晴らしい返事や挨拶をほめられる機会も増えてくるでしょう。

何回ほめられてもうれしいものですが、時にはいつもとは違ったほめ方をして子どもたちを喜ばせてあげたいものです。

「過ぎたるは及ばざるがごとし」とことわざにもあるように、普通はやり過ぎることはあまり歓迎されるものではありません。でも、「過ぎる」という言葉を、プラスの評価を含んだ言葉と共に用いると最大の賛辞として使えることがあります。例えば、「美しすぎる！」「感動的すぎる！」などというようにです。

時にはこのようなほめ言葉を子どもたちに投げかけて、子どもたちの意欲をさらに伸ばしたいものです。教師の笑顔とともに伝えれば最高です。

ポイント

◎時にはいつもと違うほめ方をする
◎プラス評価の言葉＋「過ぎる」で最大の賛辞

×
「上手な挨拶だけど、もっと上手になるといいね」
「自分でも上手いと思ってるんだろ」

●私のかけた言葉

野中君は明るく素直な子でした。挨拶の仕方を教えると、私が教えた通りに挨拶をするので、すぐに素晴らしく上手な挨拶ができるようになりました。いろんな先生に、挨拶が上手だねとほめてもらうようになりました。何度もほめられるので、野中君もそれが当たり前のように感じていました。

ある朝、日直だった野中君は職員室の私のところに、朝の連絡を聞きにやってきました。いつも素晴らしい挨拶をしますが、その日は特別に張りのある声で清々しい挨拶をしました。

いい挨拶だったのでほめようと思いました。それもほめられ慣れている彼がさらに喜ぶような言葉をかけようと思いました。

「野中君」

「はい？」

「君の挨拶ね……うますぎる！」

その瞬間、野中君の顔がぱあっと花が咲いたような笑顔になりました。それを見て、私も笑顔になりました。

「いつもありがとう。これからもいい挨拶をお願いしますね」

野中君は力強く返事をして、職員室を出て行きました。

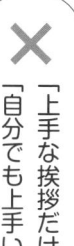

先生病気になっちゃうよ

評価されたい一心から無理をし過ぎてしまう子がいる。
その子の無理を上手にやめさせたい時に。

言ってもなかなかやらない子どもたちを指導するのも大変なことですが、反対にやり過ぎてしまう子どもたちを指導するのも大変なことがあります。

他の子に負けたくない、先生に認められたい、お父さんお母さんにほめられたい、こんな気持ちから子どもたちは時に体調を崩すようなところまで頑張ってしまうことがあるからです

程度を越えてやり過ぎないようにさせることは大事な指導です。

しかし、積極的に取り組むことを賞賛するのが一般的な中で、あまりやらないように指導するのは難しい面があります。一歩間違うと、せっかくやる気になっている子どもたちの意欲を削ぐことになってしまうからです。

こんなときには、教師が弱音を吐いてお願いをするという形をとるとうまくいくことがあります。お願いされた子は、自分としては不本意ながら先生からのお願いでは断れないからと、自分を納得させることができるからです。

こんなちょっとした演技ができると、教師の指導の幅も広がります。

ポイント

◎やり過ぎをさせない
◎教師が弱音を吐いてみる

✕
「いくらなんでもやり過ぎだよ」
「調子にのってやり過ぎてもろくなことはないぞ」

●私のかけた言葉

以前六年生を担任していたときのことです。毎日の宿題に日記を書かせていました。ある日、数ページも書いてきた子がいましたので、大いにほめたことがありました。すると、次の日から日記を何ページも書いてくる子が続出しました。

子どもたちの日記の分量は日ごとに増え、一晩で日記帳一冊を書いてしまう子まで現れました。

「何時間くらいかかったの？」

「分かりませんけど、朝までかかりました」

少々度が過ぎてきて、このままでは子どもたちの健康にも良くないと思いました。しかし、せっかく意欲的に書こうとしている子どもたちに、どうやって書かないように伝えるか悩みました。悩んだ末に、私が悲鳴をあげたことにしてお願いしようと思いました。

「みんながすごくいっぱい書いてくれるので、驚いているしとってもうれしいです。でも、読むのがものすごく大変で、このままでは先生の寝る時間がありません。先生が病気になってしまいそうです。そこでお願いですが、日記は前のように一ページにしてもらえますか。たくさん書きたいでしょうけど、先生のために我慢してください」

子どもたちは満足そうな笑顔とともに快く了解してくれました。

三つ目は……ヒミツ

上達するためのコツなどを話す際、興味を引くため、ポイントとなるところをすぐに教えずにヒミツにする。

民話「鶴の恩返し」では、決して見ないでくださいと言われていた機織りの場面を、好奇心に勝てずに老夫婦は覗いてしまいます。不思議なことに、見てはいけませんと言われると、かえって気になって見たくなるものです。

この心理を効果的に活用することで、重要なことがらをより印象深く子どもたちに伝えることができます。

どうするかというと、大事なことはすぐに教えないで少しじらしてから教えるのです。

「漢字を覚えるすごいコツがあるんだけど聞きたい？　聞きたいか？　でも教えない」

「縄跳びが上手になるために大事なことが三つあります。でも、今日は二つしか教えません」

などと言います。すると子どもたちはヒミツにされたコツが気になり始めます。どうしても教えてほしいと言い始める子もいます。そこでタイミングよくそのコツを教えます。

こうして教えてもらった事柄はより印象深く子どもたちに意識されます。

ただし、いつまでも教えないと興味が薄れてかえって効果がなくなりますので注意が必要です。

ポイント

◎大事なことはじらして伝える
◎ずっと教えないと効果がなくなる

×
（教えるのを忘れてしまわないこと）
（羽目を外しすぎないこと）

●私のかけた言葉

大変ユニークな教頭先生と一緒に仕事をさせていただいたことがあります。

相撲が好きで、自分でもまわしを締めて子どもたちと相撲をとったり、子どもたちと挨拶を交わすときに必ず「今日もいい天気でやんすない」と付け加えて、子どもたちがいつの間にかその口癖を覚えてしまったり。

教頭先生の新任式での挨拶はこうでした。

「教頭先生には好きなことが三つありますが、今日は二つだけ話します。一つ目はお相撲です。教頭先生は自分でも相撲を取ります。いつかみんなと一緒に相撲を取りたいです。二つ目はバナナが好きです。家では毎日バナナを食べています。三つ目は……ヒミツです」

教頭先生が「ヒミツです」と言われた時、子どもたちから「え〜っ！」「教えて」などの声が聞かれたのは言うまでもありません。

それからしばらくの間は、私の学級でも子どもたちの間で、教頭先生が三つ目に好きなのは何かが話題になっていました。中には、教頭先生に直接質問にいく子までいました。

ヒミツにすると余計に気になるようです。

代わりに掃除してやろう

清掃などの作業を丁寧にやっていて時間がなくなり、授業に遅れそうになっている子を助けるときに。

学校生活を送る上で子どもたちがやるべき仕事はたくさんあります。子どもたちがやるべき仕事は子どもたちにさせるのが原則です。しかし、時にはその仕事を教師がやってやると、思わぬ効果が生まれることがあります。

どんな効果が生まれるかといえば、まず一つ目は子どもたちに大いに感謝されるということです。その仕事を子どもたちが大変だと思っていればいるほど感謝の度合いが大きくなります。

二つ目は、子どもたちとの人間関係が良くなることです。子どもたちにとってみれば、先生が特別に自分の仕事をしてくれたのですから、自分は先生から特別に親切にされたと考えます。その先生に一気に親近感を持つことになります。

三つ目は保護者から信頼されるということです。

仕事をしてもらった子が家に帰って両親に話します。すると、教師に対する両親の評価が高まり、その結果教師への信頼感が増します。

学級の中で気になる子がいたら、その子の仕事をやってやることも時にはよいでしょう。

ポイント

◎子どもの仕事を代わりにやってみる
◎効果は「感謝」「親近感」「信頼感」

×
「お前の仕事はお前がやるのが当然だ」
「先生にやってもらおうと思うなんて甘い」

●私のかけた言葉

寺内君の清掃場所はトイレでした。男子トイレを毎日一人で清掃していました。

ある日のこと。清掃が終わり授業が始まる少し前にトイレの前を通りかかると、寺内君がまだデッキブラシで床を磨いていました。

「どうしたの？もう五時間目が始まっちゃうけど、まだ終わらないの？」

「はい、今日はいつもより丁寧に壁の雑巾がけをしていたら時間がなくなってしまったので、今急いでやっているところです」

「でも、これじゃあ終わらないだろう。よし、先生が代わりにやっておこう！」

その日はちょうど五時間目の授業がなかったので、こう提案しました。

「えっ、いいですよ。自分でやります」

「いいよいいよ、授業に行きなさい」

私はデッキブラシを奪って掃除を始めました。

寺内君はしばらく躊躇していましたが、

「じゃあ、すみません」

と言って教室に向かいました。

この時のことを彼はずっと覚えていて、よく話して聞かせてくれました。

全校のみんなを驚かせよう

靴のかかとを、進んでそろえる習慣を身につけさせていく。
そのために、クラスだけの「秘密」を共有する。

靴のかかとがきちっとそろった下駄箱。教師の一つの理想です。しかし、いくら教師が「みんなかかとをそろえようね」とストレートに指導しても、なかなかそろうようにはなりません。

そこで効果的なのが、「こっそり、他のクラスのかかとをそろえさせる」という方法です。こっそりやることで、かかとをそろえることが秘密のようになり、子どもたちが進んで取り組む原動力になります。また、子どもたちは、他の人の靴をたくさんそろえることで達成感を感じます。

さらに、この経験を通して、「靴のかかとがそろっていると気持ちがいい」という価値観を持ちます。その結果、靴をそろえることに関心が高まり、自然に自分の靴のかかとをそろえられるようになっていきます。

靴のかかとがそろったら、体育のゼッケンや図書館の本も、こっそり整理する場面を作ります。靴のかかと同様、子どもたちは自然に整理するようになっていくでしょう。

子どもたちは秘密が大好きです。教師が、この気持ちを上手に利用することで、楽しみながら良い習慣を身につけることができます。

ポイント

◎秘密を共有する
◎他人にしてあげる達成感を与える

×
「靴のかかともそろえられないのか。だらしない」
「君の家では、そんなことも教えてくれないのか」

●私のかけた言葉

ある日私は思いたち、黙ってクラスの下駄箱へ行き、子どもたちの靴のかかとを全部そろえておきました。

「すごい。こんな下駄箱は見たことない」

靴のかかとがきれいにそろった、自分たちの下駄箱を見て、子どもたちは一様に驚きます。

私は、次のように投げかけます。

「もし、他の学年のかかとが、みんなきれいにそろっていたら、全校のみんなはどう思うかな」

すると、子どもたちは、「絶対に驚くよ」「先生、やろうよ」とやる気満々です。

「それじゃあ。全校のみんなを驚かせよう」

私の言葉を聞くと、子どもたちは一斉にかかとをそろえ始めます。どの子も真剣です。

一仕事終え、満足そうに教室に戻ってきた子どもたちに、私は告げます。

「今日のことは、このクラスだけの秘密だよ」

子どもたちは、不思議そうにしています。

「誰がやったのか分からない方がおもしろい」

私は笑顔で語りかけます。子どもたちも納得の様子です。

今では、身体計測の帰りに、こっそりかかとをそろえてきてくれる子もいます。

ゲーム、進んでる？

口げんかの後で興奮している子に、わざと好みの話題を投げかけて気持ちをそらさせる。

口げんかをして言い負かされてしまったときの悔しさとか、誰かに対する不満とか、どこにもはけ口のない感情を子どもたちが教師のところに持ち込んでくることがあります。内容が重大で、真摯に対処しなければならない場合もありますが、その場だけの他愛のない怒りである場合も多いものです。

こういう場合には、とにかく話をよく聞いてあげることです。そうすると子どもたちも満足して怒りも収まり、何事もなかったかのように穏やかな表情になります。

話をよく聞くという対処の仕方の他に、その子が最も興味を持っている話題を突然投げかけて、その子の不満をそらしてしまうという方法もあります。

男子だったらテレビゲームとか好きなスポーツの話題、女子だったら流行の文具や洋服、ペットやキャラクターの話題がおすすめです。

興味のある好きな話題について先生に存分に話しているうちに、いつの間にかその時の怒りも収まってきます。

子どもたちが興味を持っていることについて深く話を聞く機会にもなって一石二鳥です。

ポイント

◎不満を別のことがらにそらす
◎存分に話させる

×
「わかったわかった、後で聞くから」
「よし、学級会で話し合って解決だ」（大げさ）

●私のかけた言葉

男子が興奮してやってきました。

「先生、山田君がさっきからぼくのことを何回も何回もカレー王子って言うんです」

「何それ？」

「ぼくのTシャツの色が黄色いからって、それでカレー王子って言うんです」

「もう言うなって言えば？」

「何回も言わないでよって言っても何回も何回も言うんです」

「それで、頭に来たわけだ」

「そうです」

「ふ～ん……ところでさ、この前話してたロールプレイングゲームだけどさ、レベルいくつくらいまでいったの？」

「え？　ああ……あれですか。あれはもう少しで全クリですよ」

「え～！　もうクリアしちゃうの？　早くない？」

「普通ですよ。だって、ぼくの半分くらいの時間でクリアする人だっていますよ」

「ホントか！　何か攻略法があるの？」

「攻略法っていうか、実は……」

ケンカの不満はどこへやら。

コラム

「絶妙なとぼけ方」できる人、できない人

「先生病気になっちゃうよ」は、余裕のある男の先生ならではの、茶目っ気の部分やコミカルさが出ていて、非常に愉快な対応です。

しかし、男性だから受け入れてもらえるのかも、あるいは〝あの先生だから〟受け入れてもらえるのかも、と思う方もいるかもしれません。

女性担任だったら、

「長く続けるには〈細く長く〉の精神も大切」

とか、

「あなたの体の方が心配」

と、女性の優しさを表現した言葉かけの方が子どもの心に伝わりやすいかもしれません。

また、真面目な人には難しい〝とぼけ方〟もあります。

「ゲーム進んでる?」はその一例でしょう。

真面目な人には、こういった絶妙なとぼけ方ができないのです。

中途半端に話題をそらしたり、下手なとぼけ方をしたりすると、子どもたちはそれを見抜き、却って不満を倍増させる可能性もあります。それよりも、子どもの訴えに、最後まで耳を傾け、とことん付き合ってあげたほうがお互い納得がいくという場合もあるように思います。

Ⅱ

心を開放させる

失敗しない子どもなんていない。硬くなった心を解きほぐし、失敗を明るく克服させるコツは、気の利いたポジティブな言葉。

ナイス失敗！

精一杯やったけれども失敗して落ち込んでいる子を、明るく励ます。

真面目で努力家の子は、失敗をしないように何度も何度も練習を重ねます。その努力は時に涙ぐましいまでになります。

ところが人は不思議なもので、失敗をしないようにしないようにと考えていると、失敗のイメージが頭の中に強く残ってしまい、かえって失敗をしてしまうことがあります。そして、真面目で努力家の子は、失敗をしたことをいつまでも気に病んでしまいます。

失敗をしないように何度も練習を重ねた上でのやむを得ない失敗ですから、なんとか元気づけてあげたいものです。

まず、失敗したことを深刻に受け取らずに、努めて明るく軽く反応します。笑顔と軽い動作とともに一声かけるくらいでいいと思います。

次に、その失敗が他の人のために役に立ったことを伝えます。

こうすることで、失敗をした子も失敗を必要以上に気にすることがなくなります。そうすればリラックスできて、成功する可能性も高くなります。

ポイント

◎失敗を明るく認める
◎失敗が他人の役に立つことを伝える

×
「肝心なところで失敗しちゃったね」
「あんなに練習していたのに、何が悪かったんだろう」

●私のかけた言葉

学習発表会でクラス全員で創作劇を発表することになりました。

劇の冒頭は、子どもたち数人がゆっくりと舞台上を歩き回り、少したってからそのうちの一人がリコーダーを吹き始め、それを合図に別の子がナレーションを始めることになっていました。

ところが、当日は緊張していたからか、リコーダーの演奏が始まる前にナレーションが始まってしまったのです。リコーダーの子もナレーション担当の子に、

「まだ、リコーダー吹いてないよ」

と小さくささやいてしまいました。

ナレーションが止まり、一瞬の間の後、

「ごめん！」

という声。そこで劇がストップしました。

何とかしようと思った私は、舞台上で固まっている子に向かって、舞台そでから笑顔で

「ナイス失敗！　グッド！」

そして、そでで待機している子どもたちに

「これでリラックスできたね。よかったね」

子どもたちも笑顔で大きくうなずきました。

その後、最初からもう一度演じました。

先生が働けるのは失敗のおかげ

真面目で努力を惜しまない子が失敗を重ねてしまった時に、その失敗を恩に着ることで励ます。

失敗を極端に恐れる子がいます。真面目な努力家で、比較的失敗の経験が少ない子に多いようです。失敗を恐れるあまりに、必要以上に練習を積んだり準備をしたりして、そのことがまた負担になってしまいます。さらに、積極的に挑戦しようという意欲も低くなりがちです。

こういう子が多少の失敗を気にしないで活動できるようになると、もともと持っている真面目さや素直さがさらに効果的に発揮されて、著しく成長することがあります。

ところが、失敗そのものを恐れているので、単純に「失敗しても大丈夫だよ」と言っても効き目はありません。失敗そのものに新たな価値を与えることが必要です。

自分の失敗が誰か他の人のためになっていると思えたら、多少の失敗をしても自分を納得させられます。

教師の仕事には、子どもたちの失敗を少なくするという一面もあります。子どもたちの失敗があるから仕事があるといってもいいでしょう。子どもたちの失敗は教師にとって大いに役に立っているのです。そんなことを明るく伝えることで、失敗の新しい価値に気づかせることができます。

ポイント

◎多少の失敗は気にしない子に
◎失敗に新たな価値を与える

×
「努力家の君でも失敗するんだね」
「今までほとんど失敗しなかったのにどうしたの」

●私のかけた言葉

六年生の朋美さんはとっても真面目な努力家でした。いつも手を抜くことなく精一杯の取り組みをし、成果を納めていました。しかし、そのことが彼女を、失敗を恐れる子にしてしまったようでした。

ある日の国語の授業のこと。普段はよどみなくすらすらと教材文を読み下す朋美さんですが、その日はどういうわけかよく読み間違え、そのたびに周りの子に指摘されていました。本人は想像以上にがっかりしているようでした。

そこで彼女を元気づけようととっさにこんなことを話しました。

「失敗してくれてありがとう。みんなが失敗してくれないとね、先生の仕事がなくなっちゃうんだよ。先生は、できない人をできるようにするために、いろんなことを教えて、それでお給料をもらっているんです。みんなが失敗しないで最初から何でもできちゃったら、学校に来る必要がないし、先生もいらなくなっちゃう。そうなったら、先生は他所で働かなくちゃならないからね。だから、失敗する人やできない人のおかげで先生は働いていられるというわけです。ありがとう」

朋美さんの表情が少し明るくなりました。

点数が悪かったら喜ぼう

真面目に授業に取り組んでいるのに、なかなかテストの点数がとれずに落ち込んでいる子を励ます。

子どもたちの中には、テストの点数を過剰に気にする子がいます。親御さんの期待を意識し過ぎてしまったり、テストができないと自分の価値が低いと思ってしまったり、他の子に負けるのがどうしても認められなかったりする子です。

テストの点数が取れないことを悔しく思って、次は頑張ろうと前向きに考え直すことができればいいのですが、反対に意欲を失ってしまったり、点数を上げようとしてちょっとした不正をしてしまう子もいます。

そうなってはテストをする意味が半減してしまいます。

子どもたちにはまずテストは何のためにするのかをきちんと説明する必要があります。テストは、学習内容がどれくらい分かっているかを調べて、さらに確実に理解するために行います。ですから、点数が大切なのではなく、どこが分かっていてどこが分かっていないかを知ることが大切です。

点数が悪いということは、十分に理解していないところがそれだけはっきりしたということですから、大変いいことなのです。それを、子どもたちに伝えることも必要です。

ポイント

◎テストの意義を説明する
◎分かっていないことを知るのがテスト

×
「せっかく勉強したのにね」
「お母さん、がっかりするだろうね」

●私のかけた言葉

とっても真面目に授業に取り組む女子がいました。でも、テストの点数が思うように取れず、テストを返される日は少し寂しそうでした。

ある日、うれしそうにノートを見せながら、

「先生、昨日、家でお母さんと勉強しました。お母さんがテストに出そうなところを予想して、それをノートに書いて覚えたんです」

と言います。私も今度はいい点数がとれるかもしれないと期待しました。でも、やっぱり、思ったほどの点数はとれませんでした。

がっかりしている子を励まそうとして苦し紛れにこんなことを話しました。

「テストの点数が悪かったら喜んじゃおうよ。だって、間違ったところを直すから、もう一度勉強できるでしょう。それに、勉強の仕方を工夫しようとするから、効果的な勉強の仕方が身につきます。次は頑張ろうというやる気も出るしね」

とっさに出た言葉でしたが、彼女は素直に私の話を聞いていました。

後日、その子にあった勉強の仕方を一緒に考えました。本人の努力もあって、徐々にテストの点数は上がっていきました。

いつも百点満点は疲れるね

間違いは誰にでもある。これに気づかせ、肩の力を抜かせることで、間違いから素直に学べるようになる。


百点満点をとることに必要以上にこだわる子どもたちがいます。こういう子どもたちは、目標が高く、何事にも一生懸命に取り組む、すばらしい一面をもっています。

しかし、中には完璧であることにこだわりすぎて、自分の間違いに背を向けてしまうといった子もいます。

その結果、自分の間違いを見つめ直し、そこから成長する絶好の機会を逃してしまうということになってしまいます。これは、とても残念なことです。

そこで、子どもたちが間違いと向き合い、そこから学べるようにするために、いつも完璧でなければいけないとガチガチになった肩の力を抜いてあげます。

間違いに対するマイナスのイメージを払拭し、間違ったことを肯定的に価値付けるのです。

すると子どもたちは、間違いを冷静に受け入れられるようになり、間違いから素直に学べるようになります。

ゲームやスポーツで負けた時にも、同様に声をかけると、同じように素直に学べるようになります。

ポイント

◎間違いに背を向けさせない
◎肩の力を抜かせる

×
「間違えたのはあなたでしょ。ちゃんと見直しなさい」
「テスト捨てるのは、百点とれないからなの?」

●私のかけた言葉

「こんなテストいらない」

大きな声を出して、ある男の子がテストを破り捨ててしまいました。

四年生を担任していた時のことです。

その男の子は、漢字に長けており、今までのテストはずっと百点満点。その連続記録を更新していたのですが、その日は一問間違えてしまい、ついに記録が止まってしまったのでした。

そこで私は彼のテストを拾い上げ、落ち着いた声で語りかけました。

「間違えてよかったね。ずっと百点満点を続けなきゃいけないのは疲れちゃうよね」

机に伏せていた、男の子が顔を上げました。

私は続けました。

「完璧な人は誰もいないよ。先生だって間違える。だから、間違いから学ぶことが大事だよ」

男の子は、こくりと頷きました。

数週間後、男の子のテストの結果は、一問間違えでした。

返却されたテストを手に取った男の子は、悔しがりながらも、明るく言いました。

「直して覚える。それが大切だよね」

下手なほうがいいんだよ

誰もが挑戦したがらない場面。自信はなくても積極的にチャレンジした子が失敗した時にかける。

自信がなくても積極的にチャレンジすることはとてもいいことです。それによって多くの学びを得ることができるからです。ですから、教師なら誰でも、子どもたちに積極的にチャレンジすることをすすめるでしょう。

チャレンジした結果が思っていた以上に良かった時や、失敗はしたけれども次に生かせるたくさんの学びが自覚できたというような場合は、そのチャレンジが生きたことになります。しかし、そうではない場合はせっかくのチャレンジが生きません。これが続くとチャレンジすることそのものが嫌になってきます。

子どもたちが積極的にチャレンジした上での失敗は、教師が意図的に生かしてあげなければなりません。

できなかったところに良さがあるという視点で、失敗を積極的に評価します。

だめな方が良い、だめだから良かった、このような逆説的な見方で評価します。

これで、子どもたちにとって失敗もまた大切な財産になります。

ポイント

◎失敗は教師が意図的に生かす
◎失敗は逆説的に評価する

×
「できないんなら調子に乗ってやるなよ」
「やっぱり間違えちゃったね」

●私のかけた言葉

五年生の子どもたちに、ちょっと難しいのですが「枕草子」の冒頭の部分を読ませたことがありました。

読み方を教えて一緒に声に出して読み、その後各自に十分に練習させてから、一人で音読してくれる子を募りました。ところが、自信がないのか誰も手を挙げません。

ややあってから、重苦しい雰囲気を何とかしようと思ったのでしょう、いつも元気のいい男子が控えめに挙手しました。

「積極的にチャレンジしてくれてありがとう。じゃあ、読んでください」

しかし、残念ながら彼の音読は流暢とは程遠いものでした。読んだ彼自身も恥ずかしそうです。

そこで私は、彼にこう言いました。

「挑戦したのは立派なことです。読み方はあまりうまくなかったけど、むしろ下手な方がいいんです。下手な人はこれからいくらでも上手になる可能性があります。また、これから読む人が安心して読むことができます。そういう点で、授業にとっては大変価値のある音読でした。どうもありがとうございました」

負けてもパーティやろう

勝ったら学級で何かイベントをしようと盛り上がった時、勝負の前で緊張している子どもたちに。

緊張感というのは、全くなくても力が十分に発揮できませんが、ありすぎてもまた力が発揮できないものです。

子どもたちの中には、競技や発表の前になると極端に緊張してしまい、練習の成果が存分に発揮できなくなってしまう子がいます。

また、結果をあまりにも気にし過ぎてしまい、悪い結果になったらどうしようということばかりに気をとられて練習の成果が発揮できなくなってしまう子もいます。

こういう子どもたちに十分な力を発揮させるには、失敗しても大丈夫、失敗してもかえっていいこともあるということを伝えるようにします。

勝ちたい、上手に発表したいという気持ちは黙っていても湧いてきます。そこに、たとえ負けても、たとえ上手に発表できなかったとしても、その時にもまたいいことがあると思えたら、結果を恐れずに行動することができます。

結果を意識しなくなるとリラックスできて、力を存分に発揮することができます。

ポイント

◎失敗してもいいことがあると伝える
◎リラックスさせて力を発揮させる

×
「絶対に優勝だぞ!」
「負けるなよ!」

●私のかけた言葉

同学年の三クラスで、学級対抗の全員リレーをやろうということになりました。三クラスとも優勝を目指して、かなり盛り上がっていました。

私は、

「優勝したら、何かお菓子でも作って優勝パーティでもしようか」

と持ちかけ、子どもたちも大喜びでした。

さて、いよいよ対決の日です。準備運動が終わり、作戦確認のために子どもたちを集めました。みんなかなり緊張していました。

「みんな、勝ったらお菓子パーティだぞ」

と言っても、緊張からか元気がありません。

「先生、もし負けちゃったら?」

と一人の男子が心配そうに聞きます。私は胸を張って大きな声で言いました。

「負けたらお菓子を二倍作って盛大に残念パーティをやるさ」

「え〜! それじゃ、どっちにしてもお菓子を作ってパーティするんじゃない」

「そうだよ。それが目的だ」

子どもたちの表情がぱっと明るくなり、緊張が一気にほぐれるのが分かりました。

今年の十大ニュースは君のものだ

子どもたちが不注意から大きな失敗をしてしまい、職員室におそるおそる報告に来た時に。

子どもたちが、窓ガラスや花瓶など、施設の一部や教室の備品を壊してしまうなどの、やや大きな失敗をしてしまうことがたまに起きます。その多くが子どもたちの不注意が原因ですから、教師としては二度と同じ失敗をしないようになってほしいと思って、子どもたちの不注意を叱ります。

しかし、このような大きな失敗をしてしまったときは、教師にあらためて言われずとも、ほとんどの子どもたちが自分の行いの愚かさを深く反省し、もう二度としないようにしようと思っているものです。ですから、このときにさらに追い討ちをかけるように不注意を叱ることはあまり意味がありません。

報告に来る時点で、子どもたちは十分に反省すると同時に厳しく叱られることを覚悟し不安をかかえています。こんなときには、子どもたちが予想だにしない破天荒な言葉をかけることで、子どもたちの不安を吹き飛ばす方法があります。

もちろん、後片付けをしながら、怪我の有無や失敗をしてしまった経緯や今後のことについてはきちんと話を聞き、指導する必要があります。

ポイント

◎自ら反省しているときには叱らない
◎破天荒な言葉で不安をとばす

×
「さっさと片付けてきなさい」
「お前はいつもろくなことをしないな」

●私のかけた言葉

とってもやんちゃな男の子がいました。憎めないのですが、よくいたずらや失敗をしては私を悩ませていました。

ある日の昼休みのことでした。職員室で仕事をしていると、この子が入ってきました。いつもは元気いっぱいの声で挨拶をして入ってくるのですが、どことなく元気がありません。そのまま私のところまでやってきて、

「先生……あの……教室でボールを投げていて、ガラスを割ってしまいました……」

消え入るような声でした。私に怒られるのを覚悟ですぐにやってきたようです。自分のしたことの愚かさは十分に分かっているようです。

私は黙って彼に右手を差し出しました。彼は怪訝そうな顔をしながらも、おそるおそる右手を出してきました。

「おめでとう！　これで今年の十大ニュースは君のものだ！」

緊張していた彼の表情がふっとゆるみ、いつもの笑顔になりました。

その後、怪我をした人がいないかどうか彼に聞きながら、二人で教室に向かいました。

コラム

男性教師ならではの一言

「おめでとう！　これで今年の十大ニュースは君のものだ！」という一言は、叱ると怖い男の先生だとわかっているから効果的になる言葉です。

教師のキャラクターにもよるのですが、女性教師の場合、同じ言葉を言っても効果は期待できないことが多いでしょう。

ただ、子どもの予想に反した言葉を投げかけることも時には必要ですから、このテクニックは覚えておくといいと思います。

また、後出（八十七ページ）のエピソード中にみられるように、サッカーで慢心する子に厳しく「今日のゴールはかっこ悪かったな」というようなことが言えるのも、子どもとの距離感が明らかに構築できている男性教師ならではの一言です。

サッカーもよく知らないと思われる女性教師がこのような場合に同じ言葉を発しても、山田君は神妙な顔にはならないでしょう。

女性担任の場合、サッカーはイギリスから来た紳士のスポーツであること、どんな相手であっても、相手の人に敬意を払う姿があって、ゴールに真の値打ちがあることなどを、静かに語って聞かせたいところです。

III

子どもの存在に感謝する

子どもたちが大好き。いてくれるだけでうれしい、ありがたい。声に出して表現することで、子どもたちも幸せになる言葉。

偶然じゃないんだよ

学級開きや授業開きの日のように、子どもたちと初めて対面したときに感慨を込めて語る。

学級開きや授業開きの日は特別な節目の日です。

子どもたちにとってみれば先生と初めて対面する日でもあります。持ち上がりの学級や授業であっても、通常とは違った思いが双方にあるものです。

子どもたち全員が同じスタートラインに立ち、これから一年間、どんな勉強をするのか、どんな行事があるのか、どんな学級になるのか等々について、いろいろと思いをめぐらしていることでしょう。多少の不安もあるかもしれません。

こんな特別な日には、子どもたちの心に残る特別な言葉を語りたいものです。

特に子どもたちと初めて対面する学級開きや授業開きの日には、この出会いが特別なものだということを教師の思いを込めて伝えます。

特別な出会いをした先生と自分なのだから、これから特別ないいことが起こるに違いないという、わくわく感をもたせるのです。

最初の日に子どもたちがわくわく感をもつことができれば、その年度のスタートは成功です。

ポイント

◎特別な日には特別な言葉を語る
◎わくわく感をもたせる

×
「新鮮味がないね」
「今までとあまり変わらないけどよろしく」

●私のかけた言葉

以前は、学級開きの日に次のようなことを話していました。

「みんなの名簿が入った封筒が三つありました。中は見えないようになっています。担任の先生三人が、それぞれ心を込めて『この封筒がいい！』と、一つずつ選びました。先生も心を込めて一つ選びました。その封筒の中に皆さんの名簿が入っていました。先生が心を込めて選んだ皆さんです。一年間、心を込めて教えたいと思います。どうぞよろしくお願いします」

これもよかったのですが、いつの頃からかもっと強くつながっているのだというメッセージを伝えたいと思うようになりました。

「全国に五年生が何人いるか知っていますか。百万人以上います。その中のわずか三十六人と今こうして一緒のクラスにいます。百万人以上もいる小学五年生の中から、たまたま君たちに出会いました。こんなことは偶然に起きることではありません。君たちとは何か大きな力で結ばれているのではないかと思います。このすばらしい出会いを大切にして、この一年間を実り多い一年間にしましょう。よろしくお願いします」

学校に来てくれてありがとう

子どもたちの自尊感情を高めるため、毎日の朝の会や帰りの会などの「先生のお話」の時に、感謝の気持ちを込めて、笑顔で語る。

最近の子どもたちの特徴の一つに、「『自己有用感』や『自尊感情』が低い」ということがあげられます。自分の良さを自覚できない、自分が必要とされていることが実感できない、というものです。その結果、何に対しても自信が持てなかったり、上手に人間関係が作れなかったりします。

子どもたちの「自己有用感」や「自尊感情」を高めるためには、子どもたちの存在そのものを認めることが大切です。子どもたちの存在そのものを認めるとはどういうことでしょうか。それは、子どもたちが何か良い行いをした時や何か良い結果を残した時だけほめて認めるのではなく、子どもたちの当たり前の行いや姿に感謝し認めることです。

普通、子どもたちは学校に来るのは当たり前だと思っています。親も教師も子どもたちもそう思っています。

そんな時、子どもたちに「今日は学校に来てくれてありがとう。君が来てくれて先生はとってもうれしいよ」と声をかけます。

学校に来ただけで先生が喜んでくれた、ということが子どもたちの自尊感情を高めます。

ポイント

◎子どもの存在そのものを認める
◎子どもの当たり前の姿に感謝する

×
「静かにしている時は良い子なんだけどな」
「もう少し忘れ物が少なくなれば良い子なんだけど」

●私のかけた言葉

小学校三年生を担任していたときのことです。帰りの会の「先生のお話」の中で、よくこの言葉を投げかけていました。

時には、子どもたちの座席の間を歩きながら、一人ひとりと握手をし、

「○○ちゃん、今日は学校に来てくれてありがとう。明日もまたきてね」

「○○君、君が学校に来てくれて先生はとってもうれしいよ。明日もよろしくね」

と言うこともありました。子どもたちはいつもうれしそうににこにこしながら、私の言葉を聞いていました。

学年末に全校児童を対象にしたアンケート調査が行われました。設問の中に「学校でうれしかったことはどんなことですか」というものがありました。

「友だちと毎日楽しく遊べたこと」「教科書を忘れた時に○○さんが見せてくれたこと」等々の答えに交じって「先生が、学校に来てくれるだけでうれしいって言ってくれたこと」と答えていた子が何人かいました。

何だかとてもうれしかったのを覚えています。

朝から君に会えてうれしいよ

子どもを大切に思う言葉を具体的に表すことで、子どもたちの気持ちを安定させ、安心感を与える。

朝、教室にやってくる子どもには、明るい表情をした子もいれば暗い表情をした子もいます。元気いっぱい、明るい表情で教室にやってくる子どもたちは、学校生活にも、家庭生活にも満足している子が大多数です。

一方、朝から浮かない表情で教室にやってくる子どもたちは、朝から親に叱られたとか、前日友だちとけんかしてまだ仲直りができていないとか、お腹が痛くて宿題ができていなかったとか、何らかの理由を抱えている場合が多いのではないでしょうか。

この子たちは、心の中がもやもやした状態で学校生活を始めることになります。これでは、安心して学校生活を送ることは難しいでしょう。

こんな子どもたちに安心感を与えるために、朝一番に、その子の存在を認めて大切に思っていることを、具体的に表す言葉をかけましょう。「君が大事だ」と思っていることを素直に表すのです。

子どもたちは自分の存在が認められ、価値づけられることで、もやもやした気持ちがすっきりして、安心して生活できるようになります。

ポイント

◎「君が大事」を具体的に伝える
◎存在を認めて、安定・安心させる

×
「ちゃんと挨拶をしなさい」
「なぜこんなに早いの？ みんなと一緒に来ればいいのに」

●私のかけた言葉

誰よりも早く校門が開くのを待っている男の子がいました。その時、担任でなかった私は、朝一番に登校する男の子に笑顔で挨拶をしていました。

ただ、何となく少し浮かない表情をしているその子のことが気になっていました。

新学年になり、縁あって彼の担任になりました。

新学期が始まってからも、相変わらず誰よりも早く学校にやってくる男の子。その理由が少しずつ分かってきました。

男の子の両親は共働きで、彼は両親が仕事に出勤するのに合わせて学校に来ているのでした。

それを知った私は男の子に声をかけました。

「今日も早いね。おはよう。朝から君に会えてうれしいよ」

すると、男の子はちょっと照れながら、

「先生、おはようございます」

と満面の笑みで答えてくれました。

私はその後も、男の子に会う度に、笑顔で声をかけ続けました。

一ヶ月もすると男の子の表情は明るくなり、クラスの中で中心的な存在に成長していきました。

みんなのことが大好きだよ

子どもたちと過ごす毎日の中で、ふと教師としての幸せを感じることがある。そんなときはストレートに言葉にする。

教師は子どもが好きです。でも、普段はそのことを漠然と思っているだけで、はっきりと意識する機会は少ないものです。子どもたちもまた、先生は自分たちのことを好いていてくれると何となく思っています。が、はっきりと実感できる機会は多くありません。

当たり前のことですが、思っているだけでは気持ちは伝わらないものです。

そこで、子どもたちに思い切って「大好きだよ」と伝えます。

言葉にして伝えることで、教師も子どもたちが好きだということがはっきりと意識できて、子どもたちをますます好きになります。また、子どもたちも、教師が自分たちのことを好いていてくれるということが実感できて、教師をますます好きになっていきます。

子どもたちにかけるいい言葉はたくさんあります。「立派だね」「すごいね」「えらいね」「驚いたよ」「感激しちゃった」など。でも、「大好きだよ」という言葉は特別です。子どもを評価せずに、子どもを無条件で受け入れる言葉だからです。

「大好きだよ」は魔法の言葉です。

ポイント

◎気持ちは言葉にしないと伝わらない
◎「大好きだよ」は魔法の言葉

×
「嫌な子たちだね（嫌味っぽく）」
「なんだか、かわいくないなぁ」

●私のかけた言葉

四年生を担任していた時のことです。子どもたちが自分の将来の夢を発表する授業で、次々に自分の夢を発表していきました。その時ふと、いろんな夢を楽しそうに発表する子どもたちと過ごせる幸せを感じて、

「先生はみんなのことが大好きだよ」

と言ってみました。言ってからちょっと照れくさくなって、

「それだけだけど」

と付け足しました。

子どもたちがにこにことうれしそうな顔をしていたのが印象的でした。きっと私の顔もにこにことしていたのでしょう。

叱った後に言ったこともありました。

六年生を担任していた時です。行事の準備を体育館で行っていた時、仕事をせずに遊んでいた子が何人もいたので、教室にもどってからそのことを叱ったのでした。その時にも

「先生はみんなのことが大好きだよ。こうやって叱ることもあるけどね。それはみんなにもっといい子になってほしいからなんだよ」

この一言で教室がなごみました。

怪我はないかな？ 大丈夫？

怪我につながるような子どもの失敗や過ちが起きたとき。

一番大切なのは、「子どもの身体」を気遣うこと。


例えば、子どもたちがふざけていて、花瓶を割ってしまったとします。

この時に教師が、

「何やっているんだ。だからふざけるなと言っただろ！」

と言うのか、

「怪我はないかな？ 大丈夫？」

と言うのかでは、子どもの心に残るものには大きな違いが生じます。

前者は、お互いにどこかもやもやした印象が残ります。一方、後者はどうでしょう。子どもの中には、先生に大事にされているという実感が強く残ります。

このような場面に出会ったら、教師は何が一番大切なのかを冷静に考えてみます。するとと、子どもたちの身体が何よりも大切だということに気がつきます。大切なものがはっきりすれば、かける言葉はおのずと決まってくるものです。

自分のことを何よりも大事にしてくれる先生の言葉は、子どもたちの心にしっかりと響きます。

ポイント

◎何が一番大切なのかを考える
◎子どもたちの身体を気遣う

×
「だからふざけるなと言っただろ」
「大事な花瓶だったのに…」

●私のかけた言葉

「先生、井上君が、花瓶を割っちゃった！」

ある子が、私のところに慌ててやってきました。

ざわざわする教室。花瓶を割ってしまった井上君は、今にも泣き出しそうでした。

私は即座に声をかけました。

「大丈夫？　怪我はないかな？」

井上君は、一瞬びっくりしました。そして、次の瞬間、大粒の涙を流しながら、

「先生、ごめんなさい。ふざけていて花瓶を割ってしまいました」

と謝りました。

その言葉を聞き終えた私は、彼に明るく声をかけました。

「ちゃんと反省できてよかった。きっと、花瓶も痛かったよね。ちゃんと謝っておこうね。それに、君にも、周りの人にも怪我がなくて本当によかった。一緒に片づけよう」

気がつくと、ざわついていた周りの子どもたちが井上君に声をかけていました。

「怪我がなくてよかったね」「ドンマイね」

失敗のことよりも彼を気遣う空気が、自然とクラスに広がっていきました。

夏休み中も心配しているよ

しばしの別れを通して子どもとの絆を深めるために。
さらに、休み中の約束も強く印象付けられる。

夏休みを目の前にしてわくわくと胸をおどらせる子どもたち。教師のちょっとした演出で、子どもたちはさらにいい気分で夏休みをむかえることができます。

それは、先生は夏休み中も心配していることを子どもたちに印象付けることです。

そのために、夏休みの約束を利用します。

まず、危ないことをすると心配するのは誰かを考えさせます。すぐに家族があがってきます。他にも、祖父母や親せきなどがあがり、担任の名前もあがります。

この時が夏休みの約束を話し始める絶好の機会です。

先生が夏休みの約束を話すチャンスは今日しかないこと、先生は休み中には心配することしかできないことなど、子どもたちに心配する先生の姿が思い浮かぶように夏休みの約束を話します。

すると子どもたちは、自分のことを思ってくれる先生を以前にもまして慕うようになり、そんな先生との約束をしっかりと守れるようにもなります。

先生との絆を深め、さらには約束もしっかりと守れるようになる。一石二鳥の方法です。

ポイント

◎心配するのは誰かを考えさせる
◎いい気分で休みをむかえさせる

×
「先生も夏休みなんだから、心配させないで」
「話が聞けない子は、約束なんか守れないぞ」

●私のかけた言葉

「先生は夏休みの間は心配しかできないんだよ」

私は夏休みの約束を話し始めました。

子どもたちは落ち着いて話を聞いていました。騒ぐ子は誰もいませんでした。

私は続けました。

「明日からは、みんなに注意したくてもできない。だから今日の約束はしっかりと覚えてほしい」

笑顔の子どもたち。一つひとつの注意に頷きながら、話を聞いていました。

「夏休み中心配しているからね。さあ帰ろう」

最後にそう締めくくって、さようならをしました。

すると帰り際、ある女の子が、私の所にやって来て笑顔で言いました。

「先生、みんなのことを心配するの大変ですね。心配してくれてありがとうございます」

すると近くにいた男の子が、

「先生と会えないの、ちょっとさびしいね」

とつぶやきました。

私は思わず笑ってしまいました。

「大丈夫。プールで会えるからね」

お互いに気持ちよく夏休みに入りました。

コラム

女性教師は母親的立場から

いたずらをして備品などを壊し、先生に叱られると思ったとき、「怪我はないかな？　大丈夫？」と優しい言葉を投げかけられると、子どもにはとても効果的に作用します。しかし、本当に先生が自分の怪我を心配して言っているのか、子どもは教師の心を見抜きます。どんなときにも優しい言葉を投げかけていると、優しさが当たり前になり、特に、女性教師の場合は、甘く見られがちになります。

明らかに大丈夫だと思えるときは、「大丈夫？」などとは聞かず、ふざけていたことを毅然と叱ったほうがよい場面もあります。

どんなときにこの言葉が有効に作用するか見極めが大切です。

女性教師は、子どもたちにとって母親的な存在になりがちです。そのことがよい場合も多くありますが、高学年にもなると、それをうるさく思う子が出てきても当然です。

夏休みを前に、早く開放されたいと思っている子どもたちに「夏休み中も心配しているよ」といった言葉の投げかけは、かえって「夏休みのときくらい心配しなくていいよ」という気持ちを起こさせかねません。

「何かあったらいつでも連絡してね」

くらいのあっさりした投げかけのほうがよい場合もあります。

Ⅳ

少し背中を押してやる

学校生活には不安や心配、迷いがいっぱい。
ほんの少し自信が持てれば、きっと変われるはず。そんな子に勇気を与える言葉。

少しの無理が力を伸ばす

少し無理をして挑戦することで人は伸びる。子どもたちのちょっと無理した取り組みを励ましたい時に。


「子どもたちにあまり無理をさせないようにしましょう」

「これは子どもたちにとって少し無理があるようですからやめましょう」

最近は子どもたちになるべく無理をさせないような教育をしようという考え方もあるようです。その結果、ちょっと大変なこと、ちょっと面倒なこと、ちょっと無理をしないとできないことに最初から取り組まない子どもたちもいるように見受けられます。

しかし、ちょっとの無理が子どもたちを伸ばすということはたくさんあります。野口芳宏先生は「教育とはちょっとの無理を続けること」だとおっしゃいます。大きな無理は控えたほうがいいでしょうが、ちょっとの無理には負けずに挑戦する子どもたちを育てたいものです。

子どもたちにちょっとの無理を求めるときには、あれこれ言わずに「ちょっとの無理がみんなの力を伸ばすんだよ」と直接的に励ますことも有効です。

いまやっているちょっとの無理が決して無駄ではなく、いずれ子どもたち自身の力になっていくことをきちんと伝えます。

ポイント

◎教育はちょっとの無理を続けること
◎直接的な励ましも時には有効

×
「無理しないでいいよ」
「無理しても怪我するだけだよ」

●私のかけた言葉

真夏の昼下がり。学校中がうだるような暑さの中、五時間目の算数の計算問題に子どもたちが取り組んでいました。

私は団扇で子どもたちを仰ぎながら、机間巡視をし、個人指導をしていました。しかし、あまりの暑さに子どもたちの集中力も途切れがちでした。そんな子どもたちに、

「こんなに暑い中で計算問題を何題も解くのはたいへんかもしれないね。だけど、こういうちょっとの無理を続けることで人は伸びるんだよ。スポーツの練習でも、無理しなくても簡単にできることばかりやっていたのでは、なかなか伸びないでしょう。ちょっと無理すればできるかもしれないっていう練習をするから技術も体力も伸びていく。今も、暑くて集中しにくいかもしれないけど、このちょっとの無理を乗り越えていくと力がぐっと伸びるんだよ。暑いけど頑張ろう」

と声をかけて励ましました。

子どもたちもそこで気分を変えて、もうひと頑張りすることができました。私自身もまた、子どもたちに伝えた自分の言葉に励まされて、その後の個別指導に集中することができました。

君が委員長なんてステキだね

教師が後押しすることで、「大役」に挑戦しようか悩んでいる子どもたちは、自信を持って挑戦できる。

委員会の委員長やクラブの部長に挑戦しようか悩んで、結局、挑戦できない子どもがいます。せっかく気持ちがわき起こっても、いざ代表を決める時になると「やっぱりやめておこう」と、諦めてしまうのです。

そんな子どもたちに、安易に諦めないで挑戦させるためには、何よりも彼らに自信を持たせることが必要です。

そのために教師は、代表役に挑戦したいと思っている子を事前に把握しておきます。さらに、挑戦するかどうか迷っている子に、「君ならできる。君が代表なんていいね」と、さりげなく伝えておきます。すると迷っていた子は、自分に自信を持ち、代表役に挑戦するようになります。

委員長やクラブ長の他にも、運動会の応援団長や学芸会の役決め、音楽会の伴奏者を決める時などにも、同じように声をかけることで、子どもたちはどんどん挑戦するようになります。

代表となったほとんどの子は、担任と担当教師の指導によって活躍できるものです。だからこそ、代表役に挑戦しようか迷っている子の背中を押すのは、教師の一つの役割です。

ポイント

◎迷っているときは教師が後押しする
◎挑戦したい気持ちを把握しておく

×
「自信がないならやめておきなさい」
「迷っているなら、やらないほうがいいよ」

●私のかけた言葉

「先生、団長をやろうか迷っています」

いつもはおとなしい佑一君が、運動会の応援団長をやりたいと私の所にやってきました。

彼は、続けて言いました。

「やりたいけれど、あまり自信がありません」

私は、その時にふとある言葉を思い出しました。

「君みたいな先生がいてもいいなあ。君が先生なんて子どもたちは最高だよ」

これは私が高校時代に教師を目指すか悩んでいた際に、恩師が言ってくれた言葉でした。

この言葉のおかげで、私は教師になるという夢を叶えることができました。

そこで、私は悩んでいる佑一君に言いました。

「佑一君みたいな団長がいてもいいなあ。君が団長なんてステキだなあと先生は思うよ」

数日後、彼は無事団長に選出されました。

いよいよ練習が始まると、佑一君の真剣さは下学年の見本になり、気がつくと応援団は見る見るうちにまとまっていきました。

「赤組の〜優勝を祈って〜」

運動会当日。彼の誇らしげな顔は一生忘れることができません。

たまには馬鹿になっていい

子どもたちが、恥ずかしがらずに思い切った行動ができるようにする。まずは教師が、気楽に考える。

運動会の表現活動や学芸会のダンスなど、子どもたちは学年が上がるにつれて、なかなか思い切った演技ができなくなることがあります。たとえ教師が口を酸っぱくして、恥ずかしがらずに演技するようにと言っても、ありきたりの言葉をストレートにかけていては、演技は改善されません。

そこで、教師は真っ向から声をかけるのではなく、少し外して子どもたちも思わず笑ってしまうような言葉をかけるようにします。

たとえば、思いきった行動ができない子どもたちに大いに楽しんで「馬鹿」になることを勧めます。突然、「馬鹿になれ」と言われた子どもたちは呆気にとられてしまいます。しかし、何だかおかしくて笑い出し、それによって気持ちがすっと軽くなります。

教師のユーモアたっぷりの言葉は、子どもたちの肩の力を抜き、思い切ってやってみようかなという気持ちを引き出します。

もちろん、「馬鹿」という言葉は決して良いものではありません。ただし、子どもたちを「馬鹿にする」ような使い方ではなく、気持ちを和らげるような使い方であれば効果的な場合もあります。

ポイント

◎教師が気楽に考える
◎否定的な言葉も使いよう

×
「恥ずかしがってないでちゃんとやりなさい」
「やる気がないのなら、やらなくていい」

●私のかけた言葉

六年生の担任をしていた時のことです。

組体操の演技中に、子どもが考えた創作ダンスを入れることになりました。

代表児童と担当の先生で考えたダンスは、実に良くできたものでした。

全体練習が始まり、いよいよダンスの練習になりました。

しかし、女の子を中心になかなか思い切って演じることができません。

私は数人の女の子のグループに声をかけました。

「もっと思い切って踊れば楽しいのに」

すると女の子は口々に言いました。

「だって恥ずかしいもん」

そこで私は笑顔で言いました。

「たまには馬鹿になればいい。楽しまなくちゃ損だぞ」

そのグループの女の子は、一瞬呆気にとられた後、笑いながらで言いました。

「先生、何言っているの。訳が分からないよ」

本番当日。創作ダンスが始まると、会場から自然と手拍子が湧き起こりました。その中で踊る子どもたちの表情は、笑顔で満ち溢れていました。

メガネ姿もステキだね

メガネをかけていなかった子が、教室で初めてメガネをかけることになって少し不安を感じている時に。

教室で初めてメガネをかける時、子どもや保護者によっては「からかわれないだろうか」とか「うまく見えるだろうか」と心配になるものです。我が子が教室でメガネをかけることを案じて、連絡帳にその旨を書いて知らせてくれる保護者の方もいるほどです。

ですから教師は、子どもたちが安心してメガネをかけられるよう配慮しなければなりません。

まず、メガネをかけることやかけていることを、クラスの他の子どもたちに紹介します。担任からきっかけを作ってあげるのです。そして「メガネ姿もかっこいいね」などと、実際にメガネをかけた姿をさりげなくほめます。

さらに、視力に合ったメガネをかけることは健康にも勉強にもとてもよいことを全員に説明し、最後に、初めてメガネをかけた勇気をたたえます。

こうすることで、メガネをかけ始めた子が、メガネをかけることを誇りに思うようになり、積極的にメガネをかけるようになります。

同時に、既にメガネをかけている他の子に声をかけることも大切なことです。

ポイント

◎メガネをかけることに安心感を
◎メガネをかけることに誇りを

×
「何だ、メガネをかけていたんだ」
「持っているなら、早くかけてごらん」

●私のかけた言葉

宏美さんはとっても恥ずかしがりやの女の子でした。視力が落ちてメガネをかけることになったのですが、教室では恥ずかしくてメガネをかけることができませんでした。毎日メガネを持ってくるのですが、使わずに持ち帰っていました。

私はそのことをお母さんに聞いて知っていましたので、ある日、声をかけてみました。

「宏美さん、メガネを持っているんだって？　ちょっと見せてよ」

宏美さんは一瞬驚いた顔をしましたが、机の中からそっとメガネケースを出し、ケースを開けてメガネを見せてくれました。

周りの子も興味津々です。

「いやぁ、ステキなメガネだね。ちょっとかけてみてよ」

宏美さんは恥ずかしそうにメガネをかけました。

「うん。メガネをかけた姿もステキだよ」

そう笑顔で言うと、宏美さんはにこっと笑いました。見ていた子どもたちもにこにこしながら、かわいい、似合ってると声をかけてくれました。

それ以来、宏美さんは授業中に必ずメガネをかけるようになりました。

おっ！ 似合っているね

ちょっとした変化に、何か言われたらどうしようという不安な気持ち。これを「担任のほめ言葉」で一掃する。

髪型を変える、新しい服を着てくるといったちょっとした変化でも、子どもたちの心中は複雑です。そこには、何か言われたらどうしようという「不安な気持ち」と、似合っていると周りから思われたいという「期待感」が同居しています。

教師は、そんな子どもたちの不安な気持ちを取り除き、期待感に応える大切な役割を担っています。しかし、これは教師だけでできることではありません。子どもたちの協力が必要です。

そこで教師は、肯定的な言葉をどんどん使い、クラスの子どもたちが温かな言葉を、自然と口にするように巻き込んでいきます。

「今日の給食美味しいね」「掃除すると気持ちがいいね」「その服似合っているね」

こういう言葉を担任が事ある度に発するようにします。するといつの間にかクラスの中から、同じようなことを口にする子どもが現れます。こうなると肯定的な言葉がクラスに溢れてきます。

肯定的な言葉がクラスの溢れるようになると、髪型を変えるようなちょっとした変化に対して、子どもたちが「不安な気持ち」を感じることがなくなります。

ポイント

◎変化に「不安」と「期待」はつきもの
◎担任がほめ言葉を口にする

×
「髪型のことは、誰も気にしないから大丈夫だよ」
「髪型くらいで、くよくよするな」

●私のかけた言葉

「先生、私の髪型変ですか？」

五年生の担任をしていた時、ある女の子が、朝、教室に入ってくるなり言った言葉です。

理由を聞いてみると、自分が思っていたより前髪を切られてしまい、それが気になっているということでした。

きっと、この子は今日学校に来るのも不安だったのだろうなあ、と思われました。

そこで、私は落ち着いた声で言いました。

「大丈夫だよ。似合っているよ」

すると、女の子は少し照れながら、

「本当に？　変じゃないですか？」

と聞き返してきました。しかし、その顔には笑顔が戻り、ほっと安堵した様子でした。

それからというもの、私は子どもたちの変化に目を向け、髪型を変えた子を見つけると、

「おっ！　新しい髪型も似合っているね」

と声をかけています。

すると、どの子も照れながら、やはり安心した表情を見せてくれます。

今では、私が言う前に、クラスの子どもたちがお互いに声をかけるようになっています。

君が社長だ!

時間が経つにつれてマンネリ化し工夫が見られなくなる係活動に、新たな視点を加えることで活性化させる。

学級の係を決めたばかりの頃は、新学期のわくわく感や新しい係に対する興味関心から、子どもたちも工夫をこらしながら意欲的に係活動をします。しかし、時間が経つにつれてわくわく感や興味関心が薄れてきて、係活動にも意欲がなくなってくるものです。

そんな時には、係活動に新しい視点を当ててみることで、子どもたちの意欲を再び喚起することができます。

例えば、「〜係」と普通に呼んでいるものを会社風に呼び変えてみます。「新聞係」ならば「(校名)新聞社」、「黒板係」ならば「ブラックボード株式会社」などのようになります。そして、班長は社長と呼びます。子どもたちにとって会社というのは仕事の場であり、係活動よりも責任の重さを感じます。また会社になったことで、「お客さん＝クラスメート」にアピールしようという気持ちになり、自然に活動に工夫が生まれます。何より、社員になったり社長になったりすることで、改めて新鮮な気持ちで係活動に取り組めます。

「会社」と呼ぶことで、創造的で活力に溢れた楽しいクラスの活動につながっていくのです。

ポイント

◎興味関心は時間が経つと薄れる
◎新しい視点をあてると意欲が出る

×
「もっと働きなさい」
「それは、仕事ではなくて遊びでしょ」

●私のかけた言葉

小学校五年生を担任していたときのことです。係活動の一つに「花係」がありました。教室の花瓶の水を換えたり、鉢植えの花に水をやったりすることが仕事でした。

花係には、ちょっとやんちゃな男の子と大人しくて真面目な女の子がなりました。

男の子は花係を希望していなかったのですが、他の係の人数が多すぎて、じゃんけんで回った結果でした。

最初は二人でよく花の世話をしていました。しかし、そのうち男の子が仕事を忘れるようになり、やがて仕事をするのは女の子に怒られた時だけになってしまいました。しかも、明らかに男の子の顔には、「やらされている感」が現れていました。そこで私は男の子を呼んでこう言いました。

「社長！　最近、花係はもうかってますか？」

「え？　ぼく、社長じゃないです」

「いや、係と言えば学級の中では会社と同じです。君は班長だから、君が社長です！　社長は会社がもうかるために社員以上に頑張ってください。」

男の子はまんざらでもなさそうににこにこしていましたが、その三、四日後に学級の花壇に花の種をまいて花を育て始めたのでした。

先生が頭を下げる！

失敗を恐れる子どもたち。最後は、必ず「担任がフォローする」と約束することで、安心して仕事に挑戦できる。

高学年になると、学校の代表として様々な場面で活躍する機会が増えます。しかし、子どもたちの中には、失敗を恐れて、なかなか仕事を引き受けることができない子がいます。

そんな子どもたちが、安心して仕事に挑戦できるようにするために効果的なのが、「たとえ失敗したとしても、最後は先生が必ずフォローする」と約束することです。

すると、今まで積極的になれなかった子どもたちは、先生は必ず自分の頑張ったことを認め、評価してくれるのだという安心感を持ちます。その結果、仕事に積極的に挑戦できるようになり、気がつくと、委員会の委員長、クラブの部長、学芸会の中心的な役など、やりたいなと思っていても、なかなか勇気が持てなかった役割りを果たしているようになります。

積極的に挑戦することは個人の力を高めます。それが集まると、クラスの力が高まります。さらに、クラスの力が高まることで学年の力が高まり、ひいては学校の力を高めることにつながります。

ただし、ルールをはっきりさせることが重要です。それは、先生がフォローするのは全力で取り組んだ失敗についてだということを明確にしておくことです。

ポイント

◎失敗を恐れると仕事を引き受けない
◎必ず担任がフォローすると約束する

×
「自分の失敗なのだから自分で何とかしなさい」
「最初から失敗すると思っているから駄目なんだよ」

●私のかけた言葉

「失敗したら先生が頭を下げる」

学級開きの日、私は新六年生に言いました。

子どもたちは驚いた表情で私を見ていました。

続けて私は言いました。

「怒られるのは先生に任せておけ。君たちのことで怒られるのは、得意中の得意だからさ」

笑っている子もいれば、安心した表情をしている子もいました。

私は落ち着いた声で、さらに続けました。

「ただし、ルールがある。よく聞きなさい」

子どもたちは真剣な表情でこちらを見ていました。

「全力で取り組んだことには文句は言わない。もし失敗したとしても、最後には必ず先生がフォローする。ただし、手を抜いて、いい加減なことをした時は別だよ」

子どもたちの表情はやや緊張します。

続けて私は、

「挑戦したら、挑戦しただけ成長する。やってみたいと思ったら、どんどん挑戦していいんだよ」

と笑顔で言いました。

それから一年間、クラスの子どもたちは、学校の中心として良く働いてくれました。

助かっちゃうなあ

自分の行動になかなか自信を持てない子どもたち。先生に「感謝」されることで、自信を持って仕事ができる。

学級での約束をちゃんと守る素直で良い子たちの中には、やっても良いか悪いかをいちいち相談しに来る子どもたちがいます。真面目な性格の分だけ自分の行動に不安を抱いているのです。

そこで、なかなか自信を持てない子どもたちが、自信を持って仕事に取り組めるようになるための効果的な方法があります。

それは教師が、子どもたちの仕事内容を認め、どんどん感謝の気持ちを伝えることです。

子どもたちが相談にやってきたら、「先生は助かるよ。ありがとう」と感謝の気持ちを惜しげもなく、いくらでも伝えます。

すると、先生に感謝された子どもたちは、自分で考えた仕事に自信を持って取り組むことができるようになります。

さらに、仕事を終えた子どもたちに、教師は再び感謝の気持ちを伝えるようにします。

教師に何度も感謝されることで、子どもたちはますます自信を持って仕事に取り組めるようになり、だんだんと相談しなくても、自身で判断して仕事ができるようになっていきます。

ポイント

◎真面目な性格ほど行動に不安を抱く
◎先生に感謝されると自信が持てる

×
「ちょっとは自分で考えてごらん」
「それぐらい自分で決められないの?」

●私のかけた言葉

五年生の担任をしていた時のことです。

「先生、黒板消してもいいですか?」

「先生、カーテンを閉めてもいいですか?」

と、いつも相談にやって来る女の子がいました。

私は、その女の子が来る度に、

「よく気がついたね。先生、助かっちゃうな。ありがとう。よろしくね」

とクラスの子どもたちに聞こえるように、笑顔で丁寧に答えていました。

女の子は、それからも仕事を見つけては、相談にやって来ました。

ある時、仕事を終えた女の子に、私は言いました。

「良く働いてくれたね。ありがとうね。先生はとっても助かるよ」

すると彼女は、

「やってよかった。どういたしまして」

と答えてくれました。

女の子は少し照れていましたが、その表情は自信に充ち溢れ、堂々としていました。

今では、委員会の委員長を任されるまでに成長した女の子。とても頼もしい存在です。

コラム

高学年女子への配慮

髪型を変えた女の子が、自分から担任に不安を訴えてきたような場合であれば、「お！ 似合ってるね」といった対応が可能になります。

相手が男性教師だからこそ、女の子は自分がどう見られているか、とても気になっていたのではないでしょうか。

高学年の女子は、男性の教師をとても意識しているものです。

反対に、子どもによっては、髪型を変えたことを誰にも話題にしてほしくないと思う子もいます。

そういうときは、敢えて何事もないように自然にふるまってあげることも必要です。教師は常に、その時々の子どもの心情を読み取る努力をしなければいけません。

女の子の場合、女性の担任であれば、

「先生もその髪型にしてみたいな」

などと投げかけると、美容院まで教えてくれたりもします。

ファッションにも目を向け、「先生も着てみたい」と言ったり、「ちょっとその服着せて」と実際に袖を通したりすると、子どもはとても喜びます。

教師と子どもの距離が近づく一瞬です。

V

ルールを教える

学校は学校だ――共同生活の場で学ぶ、自分の足でしっかりと歩くということ。毅然とした態度で示したい、自律心を育む言葉。

君がその人になれ！

価値あることを進んで行うよう子どもたちを促したい時、一人でもやれる勇気を与えるために。

廊下に落ちているゴミを拾う、掲示物がはがれていたら直す、学校にお客様がいらっしゃったら元気に挨拶をするなど、子どもたちに進んで行ってほしいことはたくさんあります。そういうことが進んで行える子になるよう、教師は折に触れてその大切さを話します。しかし、そう簡単には子どもたちは進んで行うようにはなりません。

理由は、自分一人がやるのは何だか気恥ずかしい、自分一人だけやるのはつまらない、自分一人くらいやってても仕方がない、自分一人くらいやらなくても問題ない、など子どもたちが集団の中に自分自身を埋没させてとらえてしまうからです。

そこで、子どもたちに自分一人でもやる勇気を持たせる必要があります。

そのためには、全員に向かって話しながらも、一人ひとりを意識して「君に」「あなたに」と呼びかける言葉を使います。

こうすることで、自分一人でもやってみようと思う子どもたちが何人か現れます。その子たちを認め励ますことで、活動する子を徐々に増やしていきます。

ポイント

◎自分一人でもやる勇気を持たせる

◎一人ひとりに呼びかける言葉を使う

×

「言ってもやらない人がたくさんいるぞ」

「どうせやらない人はやらないんだ」

●私のかけた言葉

　以前勤務していたある学校では、トイレを使う際に、トイレ用のサンダルに履き替えることになっていました。このサンダルがいつも乱雑になっていて、大変見苦しいのが頭痛の種でした。

　学年主任をしていた私は、学年の児童を集めて次のように話しました。

「トイレのサンダルがなかなかきれいにそろいません。一人ひとりがきちんとそろえるようにすればいいのですが、そうできない人もいるようです。そこで、皆さんにお願いがあります。トイレを出るときに自分のサンダルをそろえたら、ついでに隣のサンダルもそろえてください。

　こう言うと、隣のサンダルもそろえるなんて面倒だなとか、何で自分が他の人のサンダルまでそろえなくちゃいけないんだとかと思う人がいると思います。そう思う人はやらなくていいです。

　世の中には必ず、やる人とやらない人がいるものです。だから、君がそのやる人の一人になってください。お願いします」

　トイレのサンダルはきれいにそろうようになりました。次の機会に、子どもたちに心からお礼を述べたのは言うまでもありません。

先生は君たちの友だちじゃない

厳しさの中から愛情を感じられるように、先生と子どもの「立場の違い」を意識させる。

若い教師が新しいクラスを受け持ち二ヶ月もすると、先生と友だちのように接する子どもたちが出てくることがあります。人懐っこく可愛いのですが、ともすると言葉遣いが乱れたり、態度が横柄になったりします。

これが続くと、学級はこういう子どもたちの雰囲気に呑まれ、担任の声が子どもの胸に響かなくなります。

この状況に陥らないために、教師はお互いの立場の違いをはっきり宣言することが大切です。

教師は、子どもたちをより高い次元に導いていくのが仕事です。悪いことをすれば正し、時には、厳しさの中で子どもたちの成長を促します。易きに流れ、楽しさを共有するだけの友だち先生であっては、決してならないのです。

「先生は君たちの友だちじゃない。だから、悪いことは悪いとはっきり言う」

子どもたちは、先生の時には厳しい言葉から、自分たちのことを一番に考えてくれるという愛情を感じ、尊敬の気持ちを持つことができます。

ポイント

◎違いを意識させる
◎厳しさの中の愛情を感じさせる

×
「先生はみんなの友だちだよ」
「先生もみんなと友だちのように仲良くしたいな」

●私のかけた言葉

「先生は君たちの友だちじゃない」

六年生を担任した五月。クラスでちょっとした問題が起きた時のことでした。

続けて、私は言いました。

「先生は遠慮してまで君たちに好かれるつもりはない。だから、はっきりと悪いことは悪いと言う」

物音ひとつ立たない教室に、私の言葉が響きました。その日の指導はそれで終わりました。

数日後、私の所に数人の女の子が来ました。そして、次のような話をしてくれました。

「この間先生に怒られた時、前の担任の先生を思い出しちゃった。怖かったし、厳しかったけどいい先生だったよ」

さらに、

「お母さんに、そのことを話したら、今度の先生も子どもたちのことを真剣に考えてくれているねと、言ってました」と笑顔で教えてくれました。

私も笑顔で答えました。

「先生は友だちじゃないけど、みんなのことを一番考えているからね。ありがとう」

厳しさの中の愛情。子どもには分かるものです。

あとは君たちで

教えることは教師が教える。あとは子どもたちに「任せる」。任せたら、教師は子どもの変化をほめまくる。

学芸会や学習発表会などの行事で子どもが自ら考えて工夫した劇を発表することは、教師にとって理想のひとつです。しかし、自分たちで考えてごらんと投げかけても、なかなか満足のいくものにはならないものです。

そこで効果的なのが、教師が子どもたちに劇の大筋部分を指導し、細かい動きやセリフ、小さいストーリーなどを子どもたちに「任せきる」ことです。

「ここから先は君たちで考えてごらん。君たちならきっとできると先生は思うよ」

この一言が子どもたちに勇気を与えます。任された子どもたちは、教えられたことをもとにして、自分たちで演技を考え始めます。

さらに教師は、子どもたちが考えて工夫したことを見つけてはほめまくります。

頑張ったことをほめられるという経験が、子どもたちの主体性を引き出します。また、工夫したことを先生がほめてくれるので、子どもたちは安心して練習に取り組めるようにもなります。

信頼して任せきることで、子どもたちは自分たちで考えたことを行動に移せるのです。

ポイント

◎大筋指導したらあとは任せる
◎変化をほめまくる

×
「自分たちの好きなようにやればいい」
「そんな演技では何も伝わらないよ」

●私のかけた言葉

学芸会の練習での出来事です。その時、私は五年生を担任していました。

練習が始まり、声の出し方や演技方法、立ち位置を一通り指導した後、私は次のように言いました。

「ここから先は君たちで考えてごらん。君たちならきっと考えられるよ」

そして、場面ごとに練習が始まりました。

その学年を担任していたのは私ともう一人。

二人の担任は各場面練習を回りながら、次々と、

「おぉ!。その台詞の読み方いいね」「体の動きが、劇団の人みたいだね」「その動き方、おもしろいね。最高だよ」

と子どもたちの良い変化をほめまくりました。

すると、子どもたちの顔色が変わりました。

次から次に、台本にはない微妙な動きや自分なりに工夫した台詞を言い始めたのでした。

そして、その度に、私たちの所にやってきては、自分たちで考えた演技を見せるのでした。

「すごいな。天才だな。また良くなった」

さらに、二人でほめまくりました。

気がつくと、子どもたちは自分たちだけの劇を作り始めていたのでした。

どっちの人間になりたいの

できない理由を考えさせるのではなく、「できる方法」を考えさせ、子どものやる気を引き出す。

高学年になると、学校行事や委員会の常時活動、さらには学級での仕事と、取り組むべき仕事が山積みになります。そんな忙しさの中で、時には子どもたちは自分に都合のいい理由を見つけて仕事をさぼってしまうことがあります。

この時に、子どもたちに、できない理由を探すのか、それとも、できる方法を探すのか、どちらの方法をとることが、人としてより成長できるのかを、問うことで、子どもたちの仕事に対する考え方を、より良い方向に変えることができます。

世の中には、頼みごとや仕事を任されると、できない理由を探す人がいます。この人たちは、言い訳をしながら、その場を切り抜けようとします。仕事をさぼった子たちはこの状態が多いのです。一方、できる方法を探す人がいます。この人たちは、どうすればできるのかを一生懸命に考えます。そして、自分なりにできる方法を見つけて、実際に行動するので、大きく成長していきます。

合わせて、世の中で成功する人たちのほとんどが、できる方法を探す人であることを伝えておくと、子どもたちは、自分なりにできる方法を考えながら仕事に取り組もうとするようになります。

ポイント

◎理想の姿を選択させる
◎できる方法を考えさせる

×
「君たちのおかげで先生が恥をかいたよ」
「自分の仕事もちゃんとできないのか。情けない」

●私のかけた言葉

五年生の二学期になり、学校行事や委員会の仕事のペースにも慣れ始めた時のことです。

突然、図書委員会の先生から、「先生のクラスの子どもたちが、図書室に来なかったのだけれど、どうしたのですか」と声をかけられました。

てっきり責任感を持って取り組んでいるものだと思っていた私はびっくりしました。

次の日、私はクラス全員に語りかけました。

「世の中には二つの種類の人間がいる。一つは、できない理由を探す人。もう一つは、できる方法を探す人」

図書委員会の子どもたちは下を向いていました。

私は続けて言いました。

「できない理由を探すのは簡単だよね。でも、できる方法を一生懸命に考える人の方が、ずっと成長できると先生は思うよ。君たちはどちらの人間になりたいのかな」

数週間後、再び、図書委員会の先生から、声をかけられました。

「あの子たち、あれ以来よく働いてくれていますよ。成長していますね」

一生懸命が感動を呼ぶんだ

得意な分野では手を抜いても一番になれる。そういう慢心を持ってしまった子を諭すときに。

子どもたちは様々な習い事をしています。サッカーや野球、水泳やバスケットボールなどのスポーツ、ピアノやエレクトーン、バイオリンなどの楽器、バレエやダンス、新体操などの身体表現と実に多種多様です。

それらの多くは学校での学習に直接関係しませんが、中には学習内容に直結するものもあります。当然、習っている子どもの技能は他の子のそれに比べて相当に高くなっています。そんなとき、子どもによっては知らず知らずのうちに慢心してしまうことがあります。

慢心は時に友人関係を悪くすることがあります。自分自身の成長の妨げになることもあります。ですから、子どもたちが慢心していると思われるような言動をした時には、教師がそのことを指摘し、慢心に気づかせることが必要です。

また、単に慢心に気づかせるだけではなく、慢心を拭い去って精一杯の努力を傾けている姿を見せれば、友だちも先生もその子の技能の素晴らしさに改めて気づき、その子の評価がさらに上がるということも伝えたいものです。

ポイント

◎慢心は指摘して気づかせる
◎慢心を拭えば評価が上がると伝える

×
「お前は少しお調子者だな」
「天狗になってるんじゃないか」

●私のかけた言葉

山田君は地域の少年サッカークラブの中心選手で、彼の個人技はいつも注目の的でした。

ある日の体育の授業、五人チームでサッカーの試合をすることにしました。彼のチームと対することになったチームには、関口君という大変負けず嫌いの子がいました。

試合が始まると関口君は執拗に山田君のマークに行きました。しかし、山田君の技量は関口君の執念を上回り、関口君を翻弄し尻餅をつかせ、見事にゴールを決めてしまいました。そして、山田君は悔しがる関口君を馬鹿にしたように笑ったのでした。

慢心する山田君を見て、私は次のような厳しいことを言いました。

「今日のゴールはかっこ悪かったな。ワールドカップでもゴールを決めようと一生懸命に真剣にやるからみんな感動するんだぞ。ゴールが決まったから感動するんじゃないんだ。人は一生懸命やっている姿を見て感動するんだよ。今日の関口君を見て先生は感動したよ。この次は、君も先生を感動させてくれよ」

むろん、山田君のためを思って言ったことです。彼は神妙な顔で聞いていました。

君がいい子だってわかってるよ

叱った後で、叱ったのは行為であり、子どもたちの人間性は信じて認めているということを伝える。

教師になったばかりの頃、先輩教師からこんなことを言われました。

「上手な叱り方っていうのは、叱られた後で子どもがいい気持ちになるものなんだよ」

それからずっと、叱られた後で気持ちよくなる叱り方というのはどういうものか模索していました。

そして、次のような叱り方をすると、子どもたちも教師も気持ちよくなれることに気づきました。

まず、間違った行為は毅然とした態度で厳しく指摘します。

次に、行為は間違っていたけれども、その子本来の姿はとてもいい子なのだと思っていることを伝えます。

そして最後に、これからもますますいい子になるよう期待していると結びます。

このような叱り方をすることで、叱られた子ども自身も叱られたことで大きく落ち込むことがなくなります。

また、叱った教師の方も叱ったことで気分が落ち込むことがなくなります。

互いにこれから頑張ろうという気持ちになり、結果としてよりよい反省となるのです。

ポイント

◎叱られて気持ちよくなるように叱る
◎本当はとてもいい子だと伝える

×
「やっぱり君か」
「何回注意しても少しもよくならないじゃないか」

●私のかけた言葉

消しゴムを貸してくれた友だちに文句をいい、けんかになってしまった弘君に言いました。

「そもそも君が消しゴムを忘れなければいいんじゃないの？　それなのに借りた消しゴムを投げて返して、しかもそれをやめてって言われたからって、悪口を言うってのはどう考えても間違ってるだろう」

私に厳しく叱責されて、弘君は神妙な顔をしてうなだれていました。もう十分に反省しただろうと思いましたので、次のように続けました。

「先生は、君が本当はいい子だってのはよくわかってるんだよ。でもね、君がやったことは間違ったことだぞ。そういう間違ったことは一つひとつやめていかなくちゃいけないよ。そうすると、君はもっともっといい子になれるよ。分かったね」

話しているうちに、弘君の表情が少しずつ和んでくるのが分かりました。

「今日は失敗しちゃったけど、先生は君が本当はいい子だっていうのはよくわかってるし、これからも期待しているよ」

最後は笑顔で言葉をかけました。弘君もいつの間にか笑顔になっていました。

コラム

敢えて問うことの難しさ

「どっちの人間になりたいの」と子どもたちに考えさせる……。

どちらがよりよい答えなのか、答えが明らかに分かっていることを敢えて問おうとすると、特に高学年の子どもたちの場合は、反発を招く可能性があります。

もちろん、投げかけ方にもよりますが、ここは単刀直入に、できる方法を探すことに価値があることを語るだけのほうが効果的だと思います。

後出（九十六ページ）の「（君は）納得いっているのかな？」も、また違った意味で、難しい側面を持ちます。

担任にこう問われたとき、子どもの多くは、教師の心を読むものです。「納得いっていない」のは教師の方であることを、子どもは知っているのです。そして先生の心に答えようとします。

女性教師であれば、ここは問いかけるよりも「一緒に書いてみよう」と子どもの手をとり、書き方を指導してから、

「今度は一人でチャレンジしてごらん！」

と、明るくもう一枚を促したほうが効果的です。

子どもの手をとって一緒に書くというスキンシップができるのは、女性教師ならではのことです。

Ⅵ

成長に注目する

日常生活のできごとにある成長のチャンスを逃さない。子どもたちが大きく伸びようとする「その時」に、かけたい言葉。

全力を出してる姿がいい

運動会の組体操など、練習を積み重ねて真剣に取り組んでいたのに失敗してしまった子を認めねぎらう。

どんなに練習でうまくいっていても、本番で失敗することはあります。練習に真剣に取り組んでいればいるほど、練習でうまくいっていればいるほど、失敗したときの子どもたちの落胆もまた大きいものとなります。

これは、本番でできたかできなかったかという結果にばかり目を向けてしまうからです。

結果ではなく、結果を出そうと頑張っている姿に焦点を当てることで、たとえ結果が出なくても成果を確かめることができます。

そのためには、普段から教師の側も結果ばかりにとらわれずに、結果を出そうと力を尽くす子どもたちの姿を意識して見ることが必要です。そして折に触れて、そのことの大切さを子どもたちに伝えることです。

もちろん、良好な結果が出ればそのことも賞賛します。この場合も、その結果を出そうと頑張ったことを同時に賞賛します。

こうすることで、子どもたちの取り組みへの意欲も高まっていきます。

ポイント

◎結果を出そうと頑張る姿に着目する
◎良好な結果も同時に賞賛する

✕
「最後に失敗しちゃったな」
「練習じゃあんなにうまくいっていたのに残念」

●私のかけた言葉

六年生にとっては最後の運動会で、しかも組体操は運動会の華。最後の最後に三段のタワーを作ります。力とバランスを要求される難しい技です。最初の練習では一段目も上がりませんでしたが、運動会の三日前には全部のグループが成功していました。

当日。組体操は粛々と進み、いよいよ最後の三段タワー。誰もが有終の美を飾れるものと、大きな期待を持って見守っていました。

一段目が上がり、二段めも全員が成功し、いよいよ三段目というときに、何と男子の中央のタワーがぐらっと傾きました。必死に立て直そうとする子どもたち。体中に力がみなぎっていました。しかし、子どもたちの必死の頑張りも虚しく、タワーは崩れてしまったのです。

下を向いてうつむいて座っている子どもたちがとてもさびしそうでした。

翌日、子どもたちにこう話しました。

「タワーは完成しなかったけど、タワーを建て直そうと全力を出している姿はとってもかっこよかったよ。できたかできなかったかは問題じゃないんだ。全力で取り組むことが一番大事なことだ」

失敗した子どもたちの表情がぱっと明るくなりました。

すごい！　チャイム前予習だね

一分でも多く勉強できるのは「お得」だと気づけば、授業開始前に学習の準備ができるようになる。

チャイムが鳴っても、子どもが席につかないことがあります。何度注意しても、なかなか身につきません。子どもたちが、チャイムが鳴ったら着席することの必要性を理解していないからです。

そこで、子どもたちにチャイムが鳴ったら着席することのちょっとしたお得感を持たせてやります。クラスには、チャイムが鳴る前に着席して教科書を読んでいる子どもたちもいます。こういう子どもたちは、着席しない子どもたちよりも、少しだけ長く勉強をしていることになります。

このほんの少し長く勉強している子どもたちの行動を大いにほめます。すると、他の子どもたちは、チャイム前予習をすることで少し長く勉強できることに気づきます。

さらに教師は、子どもたちに少しでも長く勉強できることは「お得」であることを伝えます。こうすることで、子どもたちは自然とチャイム着席を守り、予習するようになります。

他にも、一つごみを拾えば、一つ学校がきれいになる。一つ親切をすれば、一つクラスは温かくなる。一つでも問題を多く解けば、一つ頭がよくなる。このような声かけをして、子どもたちに「お得感」を持たせると、今までにも増して意欲を持って行動できるようになります。

ポイント

◎少しでも長く勉強できるのは「お得」

◎お得感は意欲につながる

×

「早く席に着きなさい。本当に迷惑だな」

「できている子がいるのに、なぜできないのかな」

●私のかけた言葉

「時間がもったいない。早く席に着きなさい」

新人として採用された頃の私は、毎日のように子どもたちを叱ってばかりでした。

気持ち良く授業を始めたい。これが、新採の頃の私の大きな悩みの一つでした。

そこで、私はチャイムが鳴る前に着席できている子どもたちに目を向けてみました。

そして、その子たちにこう言いました。みんなに聞こえるように、わざと大きな声で。

「一分早く席に着くと、一分早く勉強ができるね。君たちは得しちゃったね。ラッキーだね」

席についていない子どもたちがはっと気づいたような表情になりました。

それから少しずつ、子どもたちはチャイムが鳴る前に着席し、予習するようになっていきました。

さらに、チャイム前予習ができるようになってきた子どもたちに、私は笑顔で言いました。

「君たちは偉いね。チャイム前予習ができている。君たちはすごく得をしているね」

笑顔の子どもたち。私は続けて言いました。

「立派なクラスだ。さあ、今日も頑張ろうね」

温かな雰囲気の中で、授業は始まりました。

納得いっているのかな？

子どもたち自身が納得いっているのか問う。
すると、もう一回挑戦してみようと素直に思える。

書写の時間に子どもの清書を評価します。清書が本時の目標に達していれば合格にします。一方、不十分な清書であれば、書き直しを促します。

しかし子どもたちは、教師からストレートに書き直しを促されても気分が乗らないことがあります。何故なら、良く書けたと思い、ほめてもらえると期待していた清書が、否定されたと思うからです。子どものやる気を無くさずに書き直しを促すためには、子ども自身が書き直しを受け入れることが必要です。そこでまず、納得いっている清書なのかを本人に問うてみます。

すると本人に、清書を見直すちょっとした時間ができます。

この時、書き直しが必要な子どもたちは、大抵の場合、少し困った表情をします。さらに、その子どもたちの大部分が自分の不備不足を口にします。

そこで教師は、子どもが自分の力で不足に気がついたことをほめ、ずばっと指導を入れます。厳しいはずの指導ですが、子どもたち自身が自分の不足を受け入れ納得しているため、書き直しを嫌がらずに、もう一枚書いてみようと素直に思えるのです。

ポイント

◎子ども自身の考えを問う
◎気づいたことに教師が指導を加える

×
「ここが駄目だから、もう一枚書きなさい」
「自分がいいと思うなら、終わりでいいよ」

●私のかけた言葉

「先生、これでいいですか」

書写の時間、練習を終えた佐藤さんが私のところに清書を持ってきました。

しかし、指導したはずの「愛」の左払いができていませんでした。

そこで私は、佐藤さんに問いかけてみました。

「この清書は納得いっているのかな?」

彼女は一瞬驚き、そして、答えました。

「この払いがあんまり…」

私は続けて言いました。

「よく気がついたね。偉い。ここは最後に筆をすっとぬこうね。もう一枚挑戦してごらん」

佐藤さんは席に戻り、再度、清書に挑戦しました。

その後、佐藤さんは、書写の時間の度に、

「ここが納得いかないんだよな…」

と自分の字を見直しては、一生懸命に練習に取り組みました。

そして、三学期の終わり、佐藤さんは地域のコンクールで銀賞をとるまでに上達しました。

「先生、書写で賞をとったのなんて生まれて初めてだよ」

彼女のうれしそうな顔は今でも忘れられません。

よく汚れたステキな雑巾だね

真っ黒に汚れた雑巾は、子どもが一生懸命に掃除をした証。
具体的な事実を評価すると、子どもは伸びる。

清掃終了間際に子どもたちをよく観察してみます。すると、真っ黒になった雑巾を持っている子どもたちがいます。こういう子どもたちの多くは、汚い場所を自分なりに探し、学校をきれいにするために精一杯努力した子どもたちです。

このような場合、教師は、雑巾の汚れという具体的に見えるものを通して、一生懸命に掃除した子どもたちを大いにほめ、評価することが大切です。

評価された子どもたちは汚い場所を探しながら掃除に取り組むようになります。

これは、他の場面でも応用できます。

例えば、漢字練習に取り組ませた時を考えてみます。

教師は、この時の子どもたちの手に注目します。一生懸命に練習をしている子どもたちの右手は、鉛筆の鉛粉で黒くなります。文字を濃くはっきりと書く子ほど右手は黒くなります。

教師は、書いた文字への評価に合わせて、黒くなった右手（具体的な事実）もほめます。すると、子どもたちは以前にも増して、練習に意欲的に取り組むようになります。

ポイント

◎子どもたちの行動をよく観察する
◎具体的な事実を評価する

×
「いつもちゃんとやっていれば汚れないのにね」
「雑巾だから、汚れるのは当たり前だね」

●私のかけた言葉

「先生、こんなに雑巾が汚れちゃった」

四年生の担任をしていた時に、掃除を終えて戻ってきた中村さんが言った言葉です。

私は、その時、

「よく頑張ったね」

と声をかけただけでした。

しかし中村さんの言葉が気になりました。

そこで、次の日の掃除の時間、私は中村さんをよく観察することにしてみました。

すると、彼女が本当に分かってほしかったことが見えてきました。

中村さんは、教室の汚れている場所を自分で探しては、一生懸命に汚れを拭き取っていたのでした。

私は、掃除を終えた中村さんに言いました。

「よく汚れたステキな雑巾だね。汚い場所をきれいにするから雑巾が汚れたんだね。ありがとう」

すると、彼女は満面の笑みで、

「どういたしまして」

と答えてくれました。

雑巾は汚れるからこそ価値があるのです。

今日が本番で残念だよ

「最後の○○」という言葉をここぞという場面で使う。

すると、子どもたちは目標に向かって一つにまとまる。


運動会や学芸会では、子どもたちの納得のいく最高の演技をさせることが、教師の役目です。

そこで効果的なのが、本番当日の子どもたちに、演技をすることが、最後の最後であることを深く印象付けることです。

本番直前のここぞという場面で、一緒に頑張ってきた仲間と一緒に演技ができるのも、今日が最後の日であることを伝えます。

すると一人ひとりの子どもの中に、「今日で最後だ。最高の演技をしよう」という気持ちが自然と生まれます。

これが最後だという気持ちは、子どもたちの心を一つにまとめ、その力を何倍にもすることができます。

その結果、学年の子どもたち全員が同じ目標に向かって本番を迎えることができるのです。

この言葉は、運動会や学芸会などだけではなく、普段の授業でも活用できます。例えば、物語のまとめ読みの時間に同じように声をかけると、子どもたちの集中力はぐっと高まります。

ポイント

◎本番は最後の演技だと印象づける
◎「最後だ」が、力を何倍にもする

×
「台詞は大きな声で言いなさい。分かった?」
「今日が最後なのだから、ちゃんと演技するのよ」

●私のかけた言葉

「今日が本番で残念だよ」

学芸会の当日、本番を待つ子どもたちに、私はゆっくりと話し始めました。

「どんどん成長していく君たちを見ていると、このままずっとこの劇を見ていたい気分だ」

少し緊張した表情の子どもたちですが、私の話を真剣に聞いていました。

さらに私は話を続けました。

「だからこそ、今日の演技は一人ひとりが納得のいく、最高の演技をしよう。今日が、この学年六十人の仲間とできる最後の劇だ。楽しもう」

子どもたちの表情が少し和らぎました。

数分後、誘導の先生がやってきました。

最後に、学芸会実行委員の男の子が前に出てきました。彼は、みんなに向かって言いました。

「今日が本当に最後なので、みんなで最高の劇にしましょう」

みんなの気持ちが一つになっていくのを、私は感じました。

劇が終わり、体育館からでてきた子どもたち。

その顔は、みんなでやり切った充実感に満たされていました。

人格の評価じゃないぞ

通知表は人格の評価ではない。それがわかると、「自己肯定感」を下げずに、自分を振り返ることができる。

通知表を渡すと、一喜一憂するのが子どもです。しかし、中には、悲観的になり、自分は駄目だと悩んでしまう子がいます。

その原因は、子どもたちにとって、通知表が人格の評価と結び付いてしまうことが多いからです。しかし、通知表は人格を評価するものではありません。あくまでも、数ヶ月間の指導内容が、どれだけ理解できているのか、身についたのかを評価するものです。

そこで教師は、通知表を渡す際に、人格を評価したものではないことをはっきりと伝えます。それによって子どもたちは、通知表の内容を冷静に受けとめ、自分自身を見つめ直すことができるようになります。

また、人格を全て評価される訳ではないと分かり、自分は駄目だという気持ちを持たずに、前向きに通知表と向き合えるようになります。

同じように、日常の行動でも、注意する時は人格を否定しないことで、指導が子どもたちの胸に響きやすくなります。

ポイント

◎通知表は、指導内容の理解の評価

◎自己肯定感を下げさせない

✕

「通知表ぐらいで、めそめそするんじゃない」

「△がいつくあるか、数えてごらん」

●私のかけた言葉

教師になったばかりの頃、学期末が近づくと気の重くなる大きな悩みがありました。

それは、通知表を子どもに渡すことでした。

通知表を渡すと、喜ぶ子もいれば、今にも泣き出しそうになる子もいました。

中には、

「どうせ、私は駄目だから……」

と悲しそうな表情をする子もいました。

悩んだ私は、先輩の先生に相談しました。

先輩の先生は、落ち着いた声で言いました。

「通知表は、決して人格を評価するものではないんだよ」

私は、はっとしました。人格を評価したものではない。何故それを子どもに伝えられなかったのか。悔しさで胸がいっぱいになりました。

先輩の先生は、続けて言いました。

「人格の評価じゃない。だからそんなに気にするな。良いところは喜ぶ。悪いところは、次の学期で直そう。それぐらいでいいぞ。そう伝えると、子どもたちは安心して家に帰れるものだよ」

この先輩の言葉で、私自身の通知表に対する考え方は大きく変わりました

一人で居られるのは強い人

子どもが自分のペースで安心して友だちを作れるようにする。
そのために、まずは、一人でいることを肯定する。

友だちの輪の中になかなか入っていけない子がいます。

友だちを作る気がないのではありません。ただ、他の子よりも、友だちを作るのに少し時間がかかるのです。

教師は、休み時間などに一人で居る子を見つけると、とかく心配になります。そして、自身が声をかけて何人かの友だちと遊べるようにしてやることがあります。

しかし、教師が作った友だち関係が、その子にとって必ずしも良い方向に発展していくとは限りません。

そこで、この子が安心して自分から友だちを作れるようにするために、休み時間などに一人で居ることを、肯定することが大切です。

一人でいることを教師が肯定すると、子どもは安心して生活できるようになります。

その結果、友だちを作るのに時間がかかる子も、無理せず自分のペースで友だちを見つけることができるようになります。

ポイント

◎友だち作りには時間のかかる子もいる

◎一人で居ることを認める

×

「早く友だちを作りなさい」

「自分から何とかしないと友だちはできないよ」

●私のかけた言葉

「先生、あの子いつも一人なんだよ」

五年生を受け持った、四月の初め。ある女の子が、私のところにやって来て言いました。

私は、女の子に言いました。

「一人で居られるのは強い人だからだよ。」

すると、彼女は少し困った顔をしました。

私は続けて言いました。

「誰かと一緒にいなきゃ不安な人より、よっぽど強い人だと先生は思うよ」

女の子は、真剣な顔で言いました。

「確かに。私、一人になるの怖いもん」

その言葉を聞き終えた私は、一人で居る女の子の所に行き、声をかけました。

「一人で居られるのは強い人だと思うよ。でも、おしゃべりしたくなったら先生の所においでね」

一人で居た女の子は、少し照れながら、大きく頷きました。

数ヶ月経ち、一人で居た女の子は、クラスの女の子の誰からも声をかけられる存在になり、気の合う友だちを見つけることができました。

口数は多くない子でしたが、一人で居られる強さは、周りの子どもの憧れになったようでした。

きっと○○も幸せだったよ

突然のペットの死。教師がペットの気持ちを代弁することで、子どもたちは元気を取り戻すことができる。

可愛がっていたペットが死んでしまい、落ち込んだ状態で学校にやってくる子どもたちがいます。最愛のペットの死を目の当たりにした子どもにとっては、授業を受けるのも辛いのが本音でしょう。何とか、そんな子どもたちを元気づけたい。そんな時に、落ち込む子どもたちにそっと寄り添い、子どもたちを励まし、元気づける言葉があります。

それは、落ち込んでいる子どもたちに、教師がペットの代わりに伝える、感謝の気持ちを表す言葉です。

落ち込む子どもたちの多くは、もっと面倒を見てあげればよかったという思いを持っています。自分がいたらなかったばかりに、最愛のペットが幸せな最後を迎えることができなかったと後悔しているのです。この気持ちを、教師の温かな言葉で取り除いてあげることで、子どもたちは元気を取り戻すことができます。

もちろん、ペットたちは話すことはできません。それは、本人たちも分かっています。しかし、先生から伝えられた言葉は、ペットとの楽しい思い出と重なり、子どもたちの心を温かくします。

ポイント

◎落ち込んだ心には寄り添う
◎ペットの気持ちを代弁する

×
「かわいそうにね。でも、しょうがないよ」
「動物っていうのは、死ぬものなんだよ」

●私のかけた言葉

「どうした？　何かあった？」

いつもは元気な優子さんが、うつむいたまま教室に入って来ました。

私が声をかけましたが、優子さんは、

「……。何でもないです」

と言い、席についてしまいます。

「先生には言っておいた方がいいよ」

仲の良い友だちに促され、二人は話し始めました。

私は、話をじっくりと聞きました。

今朝、愛犬が死んでしまったこと。もっと可愛がってあげればよかったと後悔していること。

私は、ゆっくり優子さんに語りかけました。

「あなたは一緒にいられて幸せだったのでしょ」

彼女は、大粒の涙を流しながら頷きました。

さらに、私は言いました。

「だったら、○○も幸せだったと思うよ。きっと、あなたにありがとうって言っているよ」

隣にいた友だちも、

「そうだよ。あんなに可愛がってたもん」

と、優子さんを励ましてくれました。

優子さんは、ぽろぽろ涙を流していましたが、にこっと笑顔になりました。

コラム

ほめ方の難しさ

できている子や真面目に努力する子に焦点を当て、認めることはたいへん重要なことです。しかし、ほめ方や認め方を間違えると、かえって子どもの反発する気持ちを煽ることにもなりかねません。

「すごい！　チャイム前予習だね」は、そういう意味で、上手に使いたい言葉の一つではないでしょうか。

勉強の苦手な子どもにとっては、休み時間は最高なもの。与えられた休み時間を全て使い切ることで、次の学習への意欲が湧いてくることにもなるのです。そのことも認めた上で、チャイム前学習の有効性を語ることが大事だと思います。

とくに、高学年の場合は、〝できている子〟を取り上げるような言葉を、〝みんなに聞こえるように、わざと〟言うような指導の仕方は禁物です。

このような投げかけが自然にでき、それを素直に受け入れることができるのは、かなり子どもと教師の関係が信頼で築きあげられているクラスであると言えるでしょう。

そして、子ども同士も高めあおうとする気持ちが高いクラスであるとも言えそうです。

そういうクラス作りを目指したいものです。

Ⅷ

気づきを与える

手取り足取り１から10まで教えるのではなく子どもの気づきを「待つ」。自分自身で答えを獲得させるための言葉。

二十回折ったら百m！

毎日コツコツと努力することが苦手でできないでいる子に、積み重ねることの大切さを教える。

毎日コツコツと根気よく努力することが苦手な子がいます。その子の認知スタイルにも関係しますから、単純に生活習慣が乱れているとか学習習慣が形成されていないとかということではない場合も多々あります。そのため、注意したり叱ったりするだけで気持ちを入れ替えて努力できるようになる子もいれば、そうできない子もいます。

しかし、いずれの場合にも、事実の重みを知らせて心を動かすと、コツコツと努力しようとする動機付けになります。

薄い紙でも二十回折り重ねていけば百mを越える厚さになるという事実は、努力を積み重ねるというイメージと重なって、子どもたちの心を刺激するでしょう。

ただし、事実を知って努力を始めても、その努力がその後も継続されるかどうかは分かりません。大事なのは継続されなくても教師が気にしないことです。たった一回でも努力したことを認めてほめます。一回の努力でもほめ続けること、これは教師の側が毎日コツコツと努力して積み上げることでもあるのです。

ポイント

◎事実の重みで心を動かす
◎単発の努力をほめる

×
「毎日やらないと意味ないんだよ」
「家庭での生活が乱れているんじゃないか」

●私のかけた言葉

ノート見開き二ページ分の自主学習を満足にやってこない数名の男子を発憤させようと、こんなことを話しました。

「ここに一枚の紙があります。この紙の厚さはだいたい〇・一㎜です。この紙を一回折ります。二枚重なりましたから、厚さは〇・二㎜になりました。もう一回折ります。すると四枚重なります。だから厚さは〇・四㎜になります。

じゃあ、こうやって二十回折ったら、厚さはどれくらいになると思いますか？

二十回折るとね、何と百m以上になります。

二十回折ったから二十倍になると思うかも知れませんが、そうではありません。それまでの積み重ねの二倍ずつにと増えていきます。実際にやってみれば分かります。

毎日の学習も同じです。昨日までに積み重ねたことに今日の分が足されるだけではありません。昨日までに積み重ねた分が今日の頑張りで二倍になるのです。

だから、毎日コツコツと積み重ねることが大切なのです」

翌日の自主学習のできはみごとでした。

雨の音を聞いてごらん

何となく落ち着かなくざわざわとしているクラスを集中させたい時に投げかける。

最近の子どもたちは以前に比べてよくおしゃべりをします。授業中はしゃべってはいけないとか、先生のお話は黙って聞くものだとかということが、常識ではなくなりつつあるのかもしれません。逆に、子どもたちが気づきや感想を自由につぶやいている授業、思ったことをどんどん口にできる授業がいい授業で、そういう学級がいい学級だという考えも聞かれるようになりました。

そういう中で授業を進める場合、大事な指示や発問、説明をするときには、まず子どもたちを静かにさせる必要があります。

ところで、いつでも「静かにしなさい」という言葉で静かにさせていては、子どもたちも集中しなくなってきます。

子どもたちを静かにさせる方法を複数知っているといいでしょう。

降っている雨の音のように、静かにして気持ちを集中させなければ聞こえないような小さい音を聞かせるのもその方法の一つです。静かにするということに関連することを一言も言わない高度な指示です。

ポイント

◎静かにさせる方法を複数知っておく
◎間接的な指示を用いる

×
「うるさくて何も聞こえない」
「たまには黙って勉強をしたらどうだ」

●私のかけた言葉

斎藤喜博先生の実践集を読んでいた時に、斎藤先生が子どもたちに、松の葉に降る雨の音が聞こえるくらい静かに学習をさせたという件《くだり》がありました。

私もこれを真似してみようと思ったのですが、残念ながら窓のすぐそばに松の木がありませんでした。

そこで、松の木は省略して、

「降っている雨の音を聞いてごらん。雨の音が聞こえるかな」

と言ってみました。

その瞬間、教室にそれまで聴いたことのない静寂がやってきました。

窓を通して確かに雨の音が聞こえました。

三十数人の子どもたちが教室にいるのに、子どもたちの存在を知らせる音は何もしません。ただただ雨の降る音だけが聞こえていました。

何とも神秘的な時間が流れていきました。

斎藤先生の実践のように、松の葉に降る雨の音が聞こえるほどの静寂さは訪れませんでしたが、教室で聞く雨の音は格別でした。

雨の音を聞くことを通して、学級が一つにまとまったような感じも受けました。

今は少し見守ろう

今はまだ上手くできない子の考える力を伸ばす。そのためには、周りの子どもたちの我慢を養うことも必要。

クラスには、上手くできない友だちを見つけると、何かと手を差し伸べて助けてくれる心の優しい子がいます。この子たちのおかげで、上手くできない子たちは随分と助かります。

これはこれで、クラスの絆が深まり、とても良いことです。しかし、至れり尽くせりになり過ぎてしまうと、上手くできない子どもたちが周りの子をすぐに頼ってしまい、考える力を十分に伸ばすことができなくなってしまうことがあります。

上手くできない子たちも自分だけの力で頑張れるようにしていくことは、教育の大きな目標の一つでもあります。

そのためには、好意から手助けしてくれる子どもたちに、時には手助けを我慢してそっと見守り、見ていてもう限界だなと思った時に助けてほしいということを伝えておきます。

ぎりぎりまで友だちが待ってくれるという環境の中で、上手くできない子どもたちは、自分でできるところまで一生懸命に考えます。その結果、課題を自分で乗り越えるチャンスも生まれ、より満足感を持つことができ、自分で考える力はぐんと伸びます。

ポイント

◎至れり尽くせりは、力を伸ばせない
◎ちょっとした我慢を教える

✕
「いちいち助けてあげなくていい」
「邪魔だから、どいてあげて」

●私のかけた言葉

算数の時間が終わり、他の子たちが外に遊びに行った教室に一人の男の子が残っていました。

理由は、ドリルの問題が三問、まだ終わっていなかったからです。

必死に考える男の子。すると、近くにいた女の子が、私のところにやってきて言いました。

「先生、私が教えてあげてもいいですか」

私は、少し考えてから言いました。

「今は少し見守ろう。もう限界かなと思ったら、先生は助けに行こうと思っているんだよ」

女の子は大きく頷き、男の子の近くの席に腰をおろしました。

数分後、男の子は二問解き終えました。しかし、最後の一問がなかなか解けません。

すると、女の子はすっと彼の席の横に座り、説明を始めました。男の子は説明を熱心に聞いていました。

その後、男の子がノートを持ってやって来ました。私は大きな花丸をつけました。

男の子は、女の子の方を見て、大きなガッツポーズをしました。

息を止めて！

高い集中力が必要な瞬間がある。そんなときには息を止めて作業をさせる。子どもの集中力が格段に高まる。

毛筆書写で曲がりや跳ねの画をじっくり書かせたい時や、木版画で細い線や細かい部分を丁寧に彫らせたい時、ビデオの重要な映像を注意深く視聴させたい時など、授業中、集中させたい場面があります。この時に「丁寧に彫りなさい」とか「注意して見なさい」とかと指示をしても、子どもたちには具体的にどうすればいいのかが分かりません。

こんな時は、具体的な言葉を使って間接的に伝えるようにするとよく伝わります。集中させたい場面で子どもたちに「息を止めて（書く、彫る、見る）」と声をかけるのです。

「息を止める」ことで集中力が増します。

「息を止める」ことで聴覚や視覚に意識を集中することができ、細かい部分を見落とさずに見たり、小さい音を聞き逃さずに聞いたりすることができるからです。

この「息を止めて」という言葉は、急がずに丁寧に作業をすることが必要とされる場合や、ほんの少しの変化や差異に気づかせたい場面などに用いると効果的ですが、その他にも、静かにさせたい時や、ざわついている状態を落ち着けたい時などにも有効です。

ポイント

◎具体的な言葉で間接的に伝える
◎小さな差違に気づかせたいときに

×
「そんなに急いでやらないの」
「静かにして。集中して」

●私のかけた言葉

休み時間の後の三時間目でした。二時間目が体育だったこともあって、体を十分に動かしてリラックスした子どもたちは、私語が多くざわざわしていました。

始まりの挨拶をした後、「これからゲームをします。下を向いて十秒間息を止めます。十秒たったと思ったら、息をして顔を上げて黙って時計を見ます。十秒に近かった人が優秀な人です。秒針が十二のところに来たら始めますよ」と言いました。「スタート!」の声で、子どもたちは一斉に息を止めて下を向きます。さっきの騒々しかった教室が嘘のようにシーンと静まりかえりました。

やがて静かに顔をあげる子どもたち。時計を見上げて残念がる子、反対にうれしそうにする子、隣の子と顔を見合わせる子など様々です。三十秒後には全員の子が顔を上げていました。多少の話し声は聞こえましたが、一分前とは違う落ち着いた雰囲気が教室に満ちていました。

「教科書の三十五ページを開きましょう」

指示が子どもたちにすっと入っていきました。

目玉に力を入れて見るんだ！

一生懸命に取り組んでもなかなかできるようにならなかった子がついにできた時、全員で努力をたたえる。

自分の不得意なことにも一生懸命に取り組む子がいます。その子が努力する姿を見ていると、心から応援したくなります。他の子どもたちにとっても、その子の取り組む姿勢が大いに参考になるだろうと思います。

ところが、実際はそう簡単にはいきません。子どもたちは意外に他の子が一生懸命にやっている姿に気がつかないのです。簡単にできてしまう子ほどそのことがわかりません。他の子が一生懸命にやっている姿を見せて参考にさせようと思ったら、教師がその行いを取り上げ、その姿やその気持ちに注目するように仕向ける必要があります。

これは、一生懸命に取り組んでいる側の子どもたちにも言えます。自分がやっていることの素晴らしさに気づかず、ともするとできない自分に対する劣等感ばかりを募らせてしまいます。輝かしい努力を周りから認められることは自分自身を評価し、さらに成長していくチャンスです。

ですから、自分の不得意なことにも一生懸命に取り組んでいる子がいたら、全員にその姿を注目させて努力を栄光に変えてあげるのです。

ポイント

◎一生懸命な姿には意図的に注目させる

◎努力を栄光に変える

×

「できるかもしれないから見てあげよう」

「○君の跳び方をの悪いところを言ってあげよう」

●私のかけた言葉

四年生の島田君は、おとなしいが真面目な努力家でした。運動は少し苦手で、どうしても跳び箱が跳び越せませんでした。五、六人の跳び越せない子どもたちを集めた特別練習でも、彼は最後まで跳び越せずに練習を終えたのです。

次の体育の時間。軽々と跳び箱を跳ぶ子どもたちに目もくれず、彼は一心に練習に取り組みました。補助をする私も真剣に付き合いました。

何回も練習を重ねていくうちに、補助をする私の腕にかかる重さがふっと軽くなりました。

「跳べる！」

私はそう思い、子どもたちを集めました。

「これから島田君が跳び箱を跳ぶ。きっと跳べるぞ。みんな目玉に力を入れて、島田君が跳び箱を跳ぶ瞬間を見るんだ！」

子どもたちが真剣な眼差しで見守る中、頬に伝う汗をぬぐおうともせずに島田君は助走を始めました。とても美しい表情でした。

バンッと踏み切った彼の体は、見事に跳び箱を越えてマットの上に着地しました。

彼の笑顔に汗が光りました。子どもたちの歓声と大きな拍手が起こりました。

美しくなくちゃダメ

やみくもに到達地点を高くして力一杯がんばってしまう子に、さらに高度な目標を持たせるために。

鉄棒やマット運動、跳び箱運動などの器械運動では、子どもたちはある技ができるかできないかにまず意識が向きます。

ともすると、技ができるかできないかだけを意識してしまうこともあります。

その結果、次々と新しい技に挑戦することばかりが目標となってしまい、一つの技の錬度を増すということが忘れられがちになります。

しかし、鉄棒の「前回り下り」やマット運動の「前転」などのやさしい技であっても、美しく演じられた技は、期せずして拍手が起こるほど見ごたえがあるものです。子どもたちにはぜひ、技を美しく演じるという目標も意識して練習に取り組んでもらいたいものです。

美しく演じることを意識させることで、器械運動の苦手な子どもたちにも、自分のできる技をより美しく演じるという到達可能な目標を持たせることができます。

できるかできないかだけを目標にしたのでは、苦手な子たちの意欲が高まりません。

また、美しさを意識すると演技が丁寧になり、より安全に取り組むことができるようにもなります。

ポイント

◎新たな視点での目標をつくる
◎誰にでも達成可能な目標をつくる

×
「跳び箱の高い段が跳べるのは最高だ」
「美しくなくたってできればいいんだよ」

●私のかけた言葉

四年生の坂田君は体育万能で機械運動も大好きでした。跳び箱の授業では、大きな踏切音を立てて、五段、六段を豪快に跳んで見せました。

坂田君の目標はいかに高い段数の跳び箱を跳び越えるかにあるようです。跳ぶ時には思いっきり力強く踏み切って、跳んでいる姿勢などお構いなしです。着地した時にバランスを崩してよろけたりひざをついたりしても、かえってそれを楽しんでいるようなそぶりさえ見せます。

そしてついに、四段が跳べずに苦労している子どもたちを指導している私のところに来て、

「先生、七段にしていいですか?」

と許可を求めました。

高い段を跳ぶことだけしか意識していない坂田君に、私はもう一段高い目標を持たせることにしました。

「坂田君。跳び箱は高い段を跳べるだけじゃだめなんだよな。踏み切りは軽く、跳んでいる姿勢はきれいに、着地はピタッとするのがいい跳び方だよ。美しく跳ばなくちゃだめなんだ」

坂田君の跳び方はどんどん美しくなっていきました。もう七段を跳びたいと言うこともありませんでした。

悔しいね、すごく悔しいね

どうしても納得がいかなくて悔しがっている子を、気持ちを代弁することで落ち着かせる。

不満を訴えたり、悔しくて泣いたりする子がいます。多くの場合、そういう子は自分の気持ちが分かってもらえないことを嘆いています。ですから、その子の気持ちを分かってやれば、自然と不満や悔しさは薄らいでいきます。

次の二つのことを子どもに伝えると、子どもは、自分の気持ちを分かってもらえたと思って安心します。

一つは、その子がどんなことを不満に思っているのかということです。その子自身が不満に思っている事実を教師の言葉で伝えます。

もう一つは、その子がその時どんな気持ちだったか、今はどんな気持ちかということです。その子が思っていることや感じていることを言葉にして伝えてやります。

この二つのことを伝えてやると、子どもは、先生は自分のことをよく分かってくれたと思います。

子どもたちは、自分自身でも何が不満なのか、何が悔しいのかがはっきり分からないことがあります。それを教師が言葉にして伝えてあげることで、子どもたちは分かってもらえたと思うのです。

ポイント

◎共感で不満を薄らげる
◎事実と気持ちを代弁してやる

×
「いつまでも文句を言ってるんじゃないの」
「何が悪いのか自分でよく考えなさい」

●私のかけた言葉

ある日、三年生の博美さんが泣きながら私のところへやってきました。どうして泣いているのか理由を聞いてみると
「安井君が、私が安井君の粘土を壊したって言うんです。でも、私は安井君の粘土を触ってないのに、安井君は触ったって言うんです」

ということでした。

お互いに自分が正しいと思っていて、本当のところは分からないのです。

「博美さんは壊していないのに、安井君に壊したって言われて悔しかったね」

「……はい」

「博美さんが悔しがる気持ちが先生にもよく分かるよ。安井君にそう言われて悔しかったよね。本当に悔しかったね」

「……はい、悔しかったです」

「涙が出るくらい悔しかったんだね。とってもよく分かるよ」

「はい。でも、もういいです」

「もういいの？」

私が笑顔で聞くと、博美さんもにっこり笑って自分の席にもどって行きました。

誰かは言わないけどね

人に知られないようにそっと隠れていいことをしてくれる子がいる。その子に感謝の気持ちを伝える。

高学年の子どもたちの中には、良い行いをしたことを紹介されるのを恥ずかしがる子がいます。良い行いをしたり、良い行いをしたことを知られたりすることを照れくさいと思うようになるのです。ですから、良い行いをしたことを紹介することが必ずしもいいことにはなりません。何も言わずに気づかないふりをしている方がいいこともあります。

しかし、そうは言っても、良い行いは紹介したくなるものです。紹介することで、他の子どもたちの意欲付けにもなるからです。

そんな時には、名前を出さないで紹介します。または、誰がやってくれたのか知らないことにして紹介します。つまり、良い行いの事実だけを紹介するのです。聞いている子どもたちの中に、良い行いをした子もいます。でも、その子がしたということは誰も知りません。自分がした行いだけが評価されて紹介されます。それで満足します。

世の中には「陰徳」という素晴らしい言葉があります。良い行いを紹介するときに一緒に教えておくとよいと思います。

ポイント

◎良い行いに気づかないふりをする
◎事実のみを紹介する

×
「良いことなんだから恥かしがらずに手を挙げて」
「黙ってるのは良くないよ」

●私のかけた言葉

場面緘黙《かんもく》のある女子でした。学校で彼女の声を聞いたことが一度もありませんでした。恥ずかしがりやで、彼女の名前を出しただけで、机の陰に隠れてしまうほどでした。

ある時、トイレのサンダルが乱雑になっていたので、

「誰か気がついた人がちょっとそろえてくれるとうれしいな」

とクラスの子どもたちにお願いしました。

次の休み時間、誰もいないトイレのサンダルをその子がそっとそろえているのを見かけました。多分、誰も見ていないからできたのでしょう。

彼女の行いを子どもたちに紹介したいと思いました。でもそれは彼女の本意ではないということも分かっていました。そこで、クラスの子どもたちにこう伝えました。

「早速トイレのサンダルをそろえてくれた人がいました。名前は言わないことにします。きっとその人は人に知られることを望んでいないと思うからです。人に知られずにするよいことを『陰徳』といいます。とてもすばらしい行いです」

その子も黙って話を聞いていました。私には何となく喜んでいるように思えました。

感激して涙が出たよ

ふつうにほめても実感できない、喜ばない子どもに対しては、オーバーにほめることで明るさをプラスする。

一般にほめることはとても良いことだと言われます。ほめられることで自分に対する評価が高まって、次も頑張ろうという意欲がわいてくるからです。

しかし、どんな時でも、ほめていれば子どもたちが満足し、意欲的になるかというとそうではありません。ほめられてもあまりうれしいと思わない時もあります。例えば、自分がほめられるに値するだけの言動をしていないと子どもたちが思っている時や、結果はそれなりに満足できるものであっても、そのための努力を十分にしていないと思っている時などです。

こんなときには、普通にほめた後に、ややオーバーな表現を付け加えます。オーバーな表現だと分かるので自然とユーモラスな表現になります。すると、子どもたちの表情も、ユーモアにつられて明るく朗らかになってきます。

最初は、ほめられてもどことなく満足できなかった子どもたちも、笑ったことで気分が朗らかになり満足感が高まっていきます。またこの笑いは教室中にも伝わっていき、みんなで称えているという雰囲気になります。

ポイント

◎ややオーバーにほめる
◎笑わせると満足感が高まる

×
「せっかくほめてるんだからうれしそうにしなさい」
「ほめてるのに嫌そうにしてるね」

●私のかけた言葉

五年生の清太郎君は、その気になって努力すればかなりの力を発揮する子でしたが、なかなか本気になって取り組んでくれませんでした。音楽の授業でリコーダーの合奏をしたときにも、自分のパートを真剣に練習せず、最後まで吹けたことがありませんでした。

業を煮やした私は、ある日の音楽の授業で彼を強く叱り、家でできるまで必ず練習してくるように約束させました。

次の音楽の時間のことです。彼に、家でできるまで練習をしてきたかと聞くと、練習してきましたと答えます。早速自分のパートを吹かせてみると、見事に吹けるではありませんか。

「清太郎君、頑張ったな、すごいぞ。やればできるじゃないか」

こう言うと、彼はちょっとばつが悪そうにニヤッと笑いましたが、それは心からの笑いではありませんでした。そこで、

「あんまり上手なんで、感激して涙が出たよ」

と私もにこにこしながら続けました。この言葉を聞いて、清太郎君の表情も初めてゆるみ、満足したようににっこりと微笑みました。

成功以上の価値がある

運動会や学習発表会など、発表するために長い間練習を重ねて迎えた本番直前の子どもたちを信頼して。

運動会でのダンスや組体操、学習発表会での楽器の演奏や劇などは、時間をかけて何度も練習をします。普通は、「失敗しないで発表する」ために練習をします。教師は失敗しないで発表できることを求め、子どもたちもまた失敗しないでやり遂げることを目指します。

このような意識で練習を重ねていきますから、「失敗＝悪いこと」という考えが子どもたちの中に芽生え、失敗を恐れるあまりにかえって緊張してしまい、それで失敗をしてしまうことがあります。

本番の前に、失敗は悪いことではないと子どもたちに伝えると、子どもたちの緊張感も薄らいできます。

また、「失敗してもいいんだよ」と伝えることは、「先生はみんなのことを信頼している」という気持ちを子どもたちに伝えることでもあります。

教師に信頼されているという安心感が子どもたちの実力を引き出します。

ただし、練習中にこれを話すと、場合によっては緊張感が薄れすぎて真剣味がなくなることもありますので、注意が必要です。

ポイント

◎本番前の緊張を和らげる
◎安心感が実力を引き出す

×
「発表会当日は絶対失敗するなよ」
「練習でうまくいっても、発表会で失敗しちゃだめだ」

●私のかけた言葉

六年生全員で、学習発表会にシュプレヒコール劇をやることになりました。歌の練習、セリフの練習、動きを合わせる練習、毎日子どもたちと少しずつ作り上げていきました。

イメージ通りに子どもたちが表現できない時、何度も同じ場面の繰り返しで少しずつ集中力がなくなってきた時など、子どもたちに厳しい言葉を投げかけてしまったり、感情的に怒ったりしてしまったことがありました。

そんなことを乗り越えてやっと迎えた発表会の当日。ステージ上の幕の裏側で、緊張感から表情がこわばっている子どもたちにこんなことを話しました。

「今まで本当によく練習をしてきたね。今、発表を前にして、心臓が飛び出すくらいどきどきしているでしょう。それはね、心臓がたくさんの血液を体中に送って、みんなの力が最大限に発揮できるように、みんなを応援しているんです。もう、先生は何も言いません。失敗してもいいです。今日の失敗は成功以上の価値があります。今まで練習してきた成果を思い切り表現して、最後の学習発表会を悔いのないものにしてください」

涙目になっている子も何人か見られました。

保健カードは誰のもの？

自分に対する親の愛情に気づくことができれば、子どもは素直に親への感謝の気持ちが言えるようになる。

子どもの成長を一番に願い、誰よりも楽しみにしている人がいます。それは親です。ですから子どもが、親など家の人に保健カードを渡す時には、ぜひとも感謝の気持ちを添えさせたいものです。しかし、子どもたちの多くは何となく照れ臭くて、面と向かって感謝の言葉が言えないでしょう。そんな時は、自分たちの成長を誰よりも喜んでくれる親の存在に改めて気づかせることで、感謝の気持ちをより強く思い起こさせます。

効果的なのが、保健カードの役割を問うことです。保健カードは、子どもたちにとって自分の成長を目で見て確かめられる大切な記録です。これは、本人たちにとっては当たり前のことです。ところで、保健カードには、もう一つの大きな役割があります。それは親にとって、一生懸命に育ててきた我が子の成長を確認できる大切な記録であるということです。

この役割を子どもたちに考えさせることで、子どもたちは、自分に対する親の思いや愛情に思い至り、親への感謝の気持ちを再確認するようになります。

すると、保健カードを渡す際に、自然と感謝の気持ちを口にする子が増えていきます。

ポイント

◎成長への感謝は照れくさいもの
◎問いで親の愛情を再確認させる

×
「早く判子を押して持ってきなさい」
「親に早く見せなさい」

●私のかけた言葉

数年前、私が実家を出る時に母親から渡された物がありました。それは、小学生の時から中学生の時までの、保健カードでした。

びっくりした私は母に聞きました。

「どうして取っておいたの？」

すると、母は言いました。

「子どもの成長は、親にとって何よりもうれしいことだよ。だから、保健カードは大事なものだよ」

この言葉を聞いた私は、親への感謝の気持ちを改めて持つことができました。

この時から、保健カードの返却の時に、私は次のことを子どもたちに聞くようにしています。

「保健カードは誰のためにあるものなのかな？」

子どもたちは当たり前のように言います。

「自分たちのためじゃないの」

私は、少しの間、だまっています。

すると、次のような意見がでてきます。

「お母さんのためだよ」

そこで、私は語りかけます。

「君たちの成長を、一番楽しみにしているのはお家の人だよ。ありがとうと言って渡せるといいね」

子どもたちの顔が、ぱっと明るくなります。

ラブレターを書こう

なかなか口に出せない親への感謝の気持ちを手紙に書かせると、子どもたちは素直に気持ちを伝えられる。

学校にお弁当を持ってくることがあります。子どもたちは、親が愛情を込めて作ってくれた、このお弁当が大好きです。もちろん、お弁当を作ってくれた親には感謝の気持ちを持っています。

しかし、次の日、家に帰ってから親に感謝の気持ちを伝えたかどうかを問うと、残念なことに、大方の子どもたちが感謝の気持ちを口にしていません。

この割合は、学年が上がるにつれて多くなっていきます。とても残念なことです。

このせっかくのチャンスを生かして、親に感謝の気持ちを伝えるよい機会としたいものです。それには、まず文章にして表現させることです。

子どもたちは、口にはできないことも、文章にすると思いのほか表現することができます。

最初は、付箋などに感謝の気持ちを簡単に書かせ、それをお弁当箱に貼ります。

それを読んだ親はたいへん喜びます。喜ぶ親の顔を見た子どもたちは、感謝の気持ちを伝えることが相手の人を幸せにすることを知り、少しずつ感謝の気持ちを口に出せるようになっていきます。

保健カードや集金の袋を渡す時にも感謝の気持ちを手紙にして添えると、より効果的です。

ポイント

◎手紙でなら素直になれる

◎付箋などで、少しだけ書く

✕
「親に感謝の言葉も言えないのか」
「お礼も言えないなんて、素直さがない」

●私のかけた言葉

「生まれて始めて子どもから手紙を貰いました。一生の宝物にします」

五年生を担任していた時の保護者会で、あるお母さんがうれしそうにおっしゃった言葉です。

学習発表会の日はお弁当を持参して会食をします。その朝、子どもたちに言いました。

「朝早くからお弁当を作ってくれたお家の人に、今日はちゃんとありがとうと言うのだよ」

すると、何人かの子どもが言いました。

「えー。恥ずかしいから嫌だよ」

私は、言葉を続けました。

「でも、お母さんに感謝しているのでしょ」

恥ずかしいと言った子どもたちは言います。

「ありがとうとは思っているよ」

そこで、私は机から付箋を取り出し、一枚ずつ子どもたちに配り、言いました。

「お家の人にちょこっとラブレターを書こう」

驚いた子どもたち。最初は戸惑っていましたが、みんな感謝の気持ちを付箋に書き、にこにこしながら、お弁当箱の蓋に貼り始めました。

子どもたちの笑顔を見ながら、お弁当箱を受け取ったお母さんの顔が浮かびました。

●編著者

山中伸之（やまなか　のぶゆき）

1958年生まれ。宇都宮大学教育学部を卒業後、小・中学校に勤務。
現在は、栃木県・小山市立旭小学校に勤務。
・実感道徳研究会会長
・日本基礎学習ゲーム研究会研究部長
・MM『kyositu.com ニュース』編集長
・日本群読教育の会常任委員
・「でき学セミナー」中央執行部・常任理事
・渡良瀬にこにこサークル代表
著書『できる教師のすごい習慣』
『カンタン楽しい！　運動会種目77』（以上、学陽書房）、
『「聴解力」を鍛える三段階指導』（明治図書）他共編著多数
E-mail：yama-san@par.odn.ne.jp
Homepage：http://www.geocities.jp/yamanonaka339/

●著者

内田聡（うちだ　そう）

1981年生まれ。明星大学人文学部心理・教育学科を卒業後、
東京都の小学校に勤務。
現在は、福生市福生第四小学校に勤務。
・野口塾立川事務局
・日本教育再興連盟東京事務局

●執筆協力

平井美穂　神奈川県相模原市立中央小学校勤務（コラム執筆）
鎌田憲明　青森県弘前市立石川小学校勤務
谷内康司　石川県白山市立蕪城小学校勤務

●企画

横山験也

できる教師の子どもを変えるステキな言葉

2009年４月１日　初版発行
2011年２月15日　４刷発行

編著者 ――――― 山中伸之
著　者 ――――― 内田　聡
発行者 ――――― 佐久間重嘉
発行所 ――――― 学陽書房
〒102-0072　東京都千代田区飯田橋1-9-3
営業部 ――――― TEL03-3261-1111　FAX03-5211-3300
編集部 ――――― TEL03-3261-1112　FAX03-5211-3301
振替口座　00170-4-84240
装丁　佐藤　博　　イラスト　坂木浩子

印刷・製本　三省堂印刷

ISBN978-4-313-65196-8　C0037